梦圆北大·理科篇

王亚章　主编

北京大学出版社
PEKING UNIVERSITY PRESS

图书在版编目(CIP)数据

梦圆北大. 理科篇/王亚章主编. —北京：北京大学出版社，2016.9

（梦想北大丛书）

ISBN 978-7-301-26804-9

Ⅰ. ①梦…　Ⅱ. ①王…　Ⅲ. ①中学生—学生生活—文集②中学生—学习方法—文集　Ⅳ. ①G635.5-53

中国版本图书馆 CIP 数据核字（2016）第 009729 号

书　　名	梦圆北大·理科篇 Meng Yuan Beida · Like Pian
著作责任者	王亚章　主编
责任编辑	姚成龙　巩佳佳
封面摄影	李　行
标准书号	ISBN 978-7-301-26804-9
出版发行	北京大学出版社
地　　址	北京市海淀区成府路 205 号　100871
网　　址	http://www.pup.cn　新浪微博：@北京大学出版社
电子信箱	zyjy@pup. cn
电　　话	邮购部 62752015　发行部 62750672　编辑部 62754934
印 刷 者	三河市博文印刷有限公司
经 销 者	新华书店
	650 毫米×980 毫米　16 开本　15 印张　180 千字
	2016 年 9 月第 1 版　2018 年 5 月第 3 次印刷
定　　价	35. 00 元

校长寄语

林建华

大学是人类文明的灯塔。一百多年前，现代大学在中国兴起，并迅速成为创新知识、砥砺思想、推动社会进步、为“旧邦”开“新命”的重要力量。其中，最具代表性的当属北京大学。作为中国第一所国立综合性大学，北大始终与国家和民族的命运紧密相连，在中国现代教育史、科学史、文化史上占有不可替代的地位。她也以开放包容的态度，既推动西学东渐，又致力于东学西渐，搭建起中外文明交流互鉴的桥梁。

北大是几代中国知识分子所眷恋的精神家园。而今天，当青春年少的你们面临人生第一次真正重大选择的时候，我希望你们不仅仅以仰视的目光看待北大，而是要真正走进她的校园、了解她的传统、认同她的精神。我也希望你们在选定目标之前，务必要问问自己：我将为何而来？这或许是 个比选择更为重要的问题。在这里，我愿意与你们分享我的理解。

请你们为真理而来。北大人最可贵的精神就是发自灵魂深处的对真理的向往。与真理同行，可以战胜蒙昧与偏执，更无惧强权与不公，让生命绽放出自由的光彩。北大始终竭力于捍卫学术的尊严，民主与科学是北大精神的内核，这种淳厚的学风，让浸润其间的每一个北大人都有傲然屹立于天地间的勇气和自信。选择北大，也就是选择一生无悔地聆听真理的呼唤，永远坚守信念的力量，由此开启你上下求索的人生。

请你们为创新而来。鲁迅先生说："北大是常为新的，改进的运动的先锋，要使中国向着好的，往上的道路走。"北大曾是新文化运动的中心和"五四"运动的策源地，并且从那时起，北大人始终挺立在时代的潮头，引领着变革的潮流。北大人强调"守正"，始终坚守我们的传统，走正道、扬正气；北大人也强调"创新"，敢为天下先，始终保持着创造新事物、新思想、新时代的理想主义激情。守正创新，这就是北大人所选择的道路。

请你们为梦想而来。青年人的心中，必定充满着对未知世界的渴望和对未来无数美好的憧憬。大学虽只是人生旅程中的一段，但它注定会深刻影响你的整个人生。北大是筑梦之地，我们全校教师的使命，就是要激发你的潜能、启发你的天赋，把你推上梦想实现的命运高峰。而且，大学对人的塑造，绝不仅仅在于知识的传授，更在于文化的传承和精神的传递。北大不仅拥有顶尖的师资、一流的学科和美丽的校园，更拥有兼容并包、自由多元的校园文化氛围，她有能力为你的人格完善和个性发展提供最宽广的发展平台，帮助你成为一个有责任、有灵魂、有智识、有品格的人。

亲爱的同学们，当你们反复沉潜、深思熟虑并为了实现自己的"北大梦"而奋斗拼搏之后，我会满怀喜悦地期待着你们的到来。我深信，你们的选择必将铸就无悔的青春，北大也愿与你们共同书写崭新的历史。

祝福你们！北大欢迎你！

目　录

Contents

1 ▶ 我的高考

物理的题目看似复杂，事实上涉及的知识点并不多。每道题往往只会用到一方面的知识内容，大题中用到的公式也几乎都是固定的。复习时，和数学一样，先整理出所有可用的公式记熟。物理题的知识背景往往很长，看题的时候要有选择性，忽略无关句子，把题目简化成一个模型。答题的时候，建议先根据题设的关系，把所有相关的公式逐条列出来。列公式的时候用课本给出的原形，而且不要随意合并。然后，再一步步解未知量的值，若时间紧迫，也可只列不解。这样，即使没有算完或是做错，步骤中列对的公式也可以得分。

8 ▶ 给老弟的一封信

如果说我高三一年无穷无尽地重复做题和十二年来不断地努力与刻苦有什么意义的话，最后能踏入北大是其中之一；而如果因此所得的种种经验能够成为我在北大等到你的催化剂，我想也是一条重大的意义。

所以我现在把我所能够总结出来的东西写下来给你，愿你能够意识到你已经到了需要放手一搏的最后阶段，如果错过这个时期，多年以后你多半会感到非常遗憾；好好利用这个时期，我想你会收获值得你用一生来慢慢品味的很多东西。

18 ▶ 今天（挥汗）播种，明天微笑收获

《菜根谭》开篇道“欲做精金美玉的人品，定从烈火中煅来；思立掀天揭地的事功，须向薄冰上

履过。”不管在哪里，只要我们想要收获成功之花，就必须付出奋斗之血汗。然而，只有奋斗是不够的，必须在99%的汗水之上加之1%的技巧。下面我就用几千字小谈一下高中的学习。

28 对高中学习的几点建议

在积累期，知识学习方面，要注意打好基础，不钻研难、偏、怪题，对平时的测试要重视，但也不要过分计较考试的分数高低。多做各种类型的题目，多总结解题方法，最好能将各部分知识联系起来，做到触类旁通。解题能力的培养绝不是靠题海战术，而是靠多思考、多总结、多实践。

37 从目标谈起

我们不能因为他人可能超过自己而不去分享自己的知识、经验以及方法，这种自私的想法最终会害了自己。一个人能走得很快，但一群人才能走得很远；一个人的智慧是有限的，互相帮助才能共同进步。

45 高中各科我的学习心得

建议不熟练时要先肯动笔，将必要的运算步骤写出，并保证无误。在无误的前提下进行限时训练，不断提升熟练度以保证速度。在考场上也要尽量先用笔在草稿纸上演算，尤其是公式，最好先写出，以免一时疏忽而南辕北辙。

56 踏遍青山，一路向前

踏遍青山，领略千山万水的魅力；一路向前，用心走向远处那颗夜空中最亮的星。最美好的时光在路上，愿你收获快乐，收获梦想，收获人生！

66 写给那段追梦的岁月

这段成绩下滑的经历让我明白，其实给自己的定位并不是那么重要，没必要每天纠结于自己“应该”在什么位置。只要脚踏实地、认真对待学习与考试，自然会有所收获。

74 拾级而上，领略无限风光

随着心态的变化、眼界的变化，目标也在不断地进行调节，也许这样的方式更适合我。在追梦的平凡之路上，我不怕走弯路，因为我知道世界上没有白走的弯路。我在平凡之路上邂逅我的梦想，邂逅我的未名湖，邂逅我的元培。

84 小忆

我常常怀疑，长此以往，当我们再次面对铺天盖地的信息时，会不会也像面对课本一样，变成愚昧的文明人，变得易于受骗、缺乏常识呢？所以，独立思考不仅是为了提高解决问题的能力，也是为了提高自己的判断能力。

92 我是这样学的

我习惯拿一张小卡片，早上七点到班里之后先花五分钟把今天要做的功课一条条写在上面，然后把这张卡片立在桌子上，做完一项就划掉一项。在一天之中，如果有了额外的功课要做，就再补充上去。这样在零碎的时间里随时提醒自己还有哪些事情没做，然后选择一件适合现在做的，就避免了浪费时间。

100 坚持，在每个日日夜夜

回首三年，笑与泪都显得那么珍贵，比起初入高中时的自己，如今的我不仅在知识上有了进步，更重要的是人格上的成长。坚持，是高中三年令我感触良多的一个词语，它的背后，有多少艰辛和泪水，多少苦痛和付出，而它所指引的，却是一条荆棘遍地而前路光明的道路。坚持是我们终其一生都要去学习和领悟的课题，在高中的每个日日夜夜，是坚持让我在风雨兼程的路上，始终能朝着远方，无畏前行。北大，终于等到你，还好没放弃。愿每个学子都能在回忆这段不平凡的追梦岁月时感动得热泪盈眶，愿每个人都能够不悔过去，无惧将来。

109 学习经验与感想

可能我们每一个人都会有深夜痛哭的经历，这并不代表我们的懦弱，而是我们的责任——沉重的压力需要一个宣泄口，不仅仅因为老师、家长的期望，更因为不能自己辜负自己。有压力是一件好事，这意味着我们对自己有要求，适当的压力与紧张是我们前进的动力，甚至在考试中也有利于我们的发挥。我们需要做的是学会控制并且利用压力，而不是让压力来控制和压垮我们。

116 一路走来

正是这句话，让我成了一个颇为上进的人。无论取得了怎样的成绩，我都不会骄傲自满；相反，我会看到那些更强大的人，也会因此不断前进，争取爬上更高的山峰。

123 学习经验分享

如果遇到疑问，我会在老师允许的情况下，尽量立即提出自己的困惑。一来老师非常乐意为学生答疑解惑，二来这些疑惑如果没有及时解决，很可能会被遗忘，且积压起来，将来会成为自己的致命伤，并会成为我们知识网络上的盲区。如果老师不喜欢被随意打断，我会将这些疑点记在我的小本子上，在一天结束之前，一定会单独问老师的。

131 平凡之路，且听风吟

一路平淡，一路平凡，没有多么出彩，却一直坚持着自己的信念，变得更加坚强，更加勇敢。十二年来，我汲取了数不尽的知识，获得了独立思考、判断是非的能力，这也让我变得更加自由。

140 我的经验与方法

缓解压力有不少具体方法。向信得过的人们倾诉内心的苦闷；空闲时听听柔美的轻音乐，舒缓情绪；还可以在体育课上，痛痛快快地运动到大汗淋漓；又或是去睡上一觉，用睡眠排解忧虑。

148 你就是那夜空中最亮的星

如果想达成最终的目标，就有必要把目标细化成许多分散的部分。我把自己的目标分成长期目标和短期目标。所以如果我想要上北大，想要选一个自己喜欢的专业来决定我的后半生，从现在起就必须规划我每天的生活，细化到我做的每一件事情都必须对于我的高考成绩利益最大化。

157 我的高中

的确，如果我们因一时的进步就想着保住自己这次得到的优势，就会在面对题目时患得患失，不敢轻易下手，亦不敢轻易放弃，从而使自己在考场上的心态受到极大影响，自然会遭受极大的退步。较好的做法是无论之前取得什么样的成绩，都将其忽略，保持进攻姿态，只想着像一个战士一样发挥出自己全部所长，去争取自己可能拥有的最大胜利。

165 我的学习心得

当老师提出了一个新的知识点时，首先要知道它是什么，是全新的知识呢？还是老知识迁移过来的？与之前学过的有没有关系？它是什么意思？这些都是“是什么”里需要问自己的，这样才能清楚自己在学什么，这也是最基础的。之后可能有些人就停止了思考，但我认为现在才是大脑运转的最高峰。“为什么”是自己比较独立的思考阶段，这时候是自己提出问题，自己寻觅答案的时候。问自己为什么会有这个知识，为什么它是这样的，然后自己努力去思考，说不定会获得比书本上更有用的东西，也能让自己对新知识和新方法更加适应。第三就是“怎么样”了。如果说前两问都是纸上谈兵，那“怎么样”就是应用了。问问自己怎么样，可以帮助自己加快运用新事物的速度，使自己更加熟练地运用。怎么样使用这个新方法？怎么样使用这个新知识解决问题？怎么样使用它能够让做题更简便？这些都是“怎么样”时可以想的。

172 因为梦想，所以坚持

我们都是追梦的孩子，为了心中的未来，不惧风雨，不畏艰难，只愿依靠自己的力量，一步一步地往前走，期待着离梦想更近一点，再近一点。

179 那些年磨炼的心态

与身边拼命刷题的同学相比，一些并不适合搞题海战术的同学就要放正心态，切勿盲目跟风。每个人的学习方法不一样，学会在众人中保持自己的节奏，也是一种稳定良好的心态。

189 这条路，我已然走了十二年

怎么才能学得又好又轻松呢？显然不会有这样两全其美的办法，所谓“学海无涯苦作舟”。“苦”是学习道路上不可避免的，然而我认为在这“苦舟”之中，自己寻欢作乐也未尝不可。

198 致我们终将怀念的高三

你要知道，成功是开花的时候，失败是长根的时候。没有根的支撑，一朵花不会灿烂多久。

206 以梦为马，以北为大

另一个很重要的方面就是心态，平常之中切勿浮躁，一旦浮躁，浪费时间精力不说，很可能事倍功半。遇到自己独立完成不了的问题时，要虚心向老师或同学请教，切勿自以为是。高三还要甘于寂寞，想着日后金榜题名时的快乐，想着你的男神女神是需要你不断努力才能配得上的，你要坚持下去！

212 高中琐事

高一的暑假，我狠狠地反思了一通，这一次的失利让我醒悟过来。自己绝对不能再这样浑浑噩噩地活着，我可以忍受自己不优秀，但决不能忍受自己过得糊涂。我不愿在一片茫然之中虚度三年，到了高考之后才后悔自己什么都还没干就过完了高中。

218 我的学习之旅

到后来，我慢慢地明白：考试不一定非要考第一，那只是数字，只是给别人看的。考第一不应该是目标，提高自己才应该是最终目的。不需要跟别人比，你唯一的对手就是你自己，不断地超越自己，让自己更强才是最重要的。当这样想、也这样做的时候，给别人看的第一名会不请自来。至少我的情况是这样。

我的高考

姓　　名： 姚　瑶

毕业中学： 浙江省杭州外国语学校

录取院系： 工学院

获奖情况： 2012年全国高中数学联赛浙江省一等奖

高考是每个高三学生必须要过的一道坎。一年时间看似很长，在日复一日的学习生活中也很快就会过去。高三刚开始时，看着学长的经验里写到备考的种种辛苦时还并不理解，而后来自己走上考场时，看着周围数不清的家长担忧的面容，老师给我们加油鼓劲儿，才明白我们背负着多少人的期望。

回头看来，高考不过是我们参加的万千场考试中最特殊的一场，我们所需做的就是以最好的姿态去面对它。作为一个过来人，在此介绍些许个人的学习经验，以供学弟学妹们参考借鉴。

如今高考的复习材料五花八门，若只是一味地看书做题，不仅耗费精力，而且收效甚微。我们需要在有限的时间里摸索出最高效的复习方法，让每一份付出都获得成效。

语文学科是所有科目中最需要花时间的，大约也是理科生遇到问题最多的。总体来说，它对学生的平时积累要求很高。试卷的结构大致分成基础、现代文阅读、古诗文阅读、作文几个部分。

基础题是最考验基本功的，提高正确率的方法只有勤加练习，每天记一点，做固定量的题目，时间久了能力就会有明显提升。

现代文阅读的答题往往有一些规律。开始时可以先适当做题，然后结合老师的课堂分析，把做过的题重新进行整理，总结每一类问题答案的重点，以后见到相似的题型就会心中有数；把握文意也同样重要，弄清楚作者想要传达的道理和情感，答案就不会偏离主旨。

古诗文的选材大多来自课外，最重要的是看懂文本，这之后问题都能迎刃而解。所以与读熟课本或刷题相比，先从教参或字典上积累一些基础的文言知识或许效果更好。

作文一向是很多同学心中的难题。个人感觉，除了定期的模拟考以外，可供写作的时间往往较少，所以需要额外的练习。一篇作文可以分成结构和内容两部分。结构就是常说的起承转合，好的结构可以让文章显得更有条理。我的方法是在动笔前先花五分钟时间规划好每个部分的内容和大致字数，这样比起想到什么写什么的即兴写法来思路会更清晰；内容方面，建议自备一个随笔本，空闲时可以写一些细节描写的小段子，这些细节的积累有时候就可以让一篇文章生动许多。关于文章的立意和格言引用，需要大量的阅读材料积累。引用典故的时候，要注意务必切合文意，一味生搬硬套名人名言反而会给文章严重降分。平日里多看些探讨社会话题的文章，对加深自己的思想会有很大帮助。

数学是很难提升成绩的一科，很多同学努力许久，成绩却没有明显变化。复习阶段的数学已经无需反复看课本，大多时间都花在做老师布置的习题上，但如果只是被动地跟着老师的进度走，做再多的练习也无济于事。建议在开始复习前，把课本上的原始公式和定理整理出来并记熟，解题时尽量从课本公式出发。教参上的各种衍生公式如果用不熟练，很容易扰乱思路，不证即用也容易被扣分。复习开始一段时间后，可以通过模考分析总结出自己的薄弱环节。然后针对这些方面，自己找题每天练，一段时间内连续只做同一专题的内容，边做边总结每类题型的方法，这样逐渐就会对解题方式有所把握。当然，始终重复刷题确实很容易感到厌倦，所以，用自己的办法打起精神比任何细致的策略都重要。

近几年高考英语的难度一直在下降，题型也趋于常规，所以复习起来比其他科目也更容易些。本省的题型包括听力、单选、完形、阅读、改错和作文。

听力和正式考试是分开的，相对来说难度并不大，最有效的提高方法是在考前多听多练。

单选的考点大多在语法和词汇方面，并且涉及的往往是常用条目，故只需跟着老师的节奏进行系统复习，临考前再熟悉一下就好。对于复习资料上的偏门知识点，大可不必强行记住，掌握好重点即可，正式考试一般并不会涉及边角内容。

完形和阅读的重点都在于考察理解能力，对文意的理解方法很难直接表述，需要在练习中逐渐摸索英文文章的构思特点，简单地说就是凭感觉。有的时候很多答案都说得通，但题目做多了就能感觉到出题人想表达的是哪一种意思。譬如涉及细节的题，往往文中都能找到原话，错误选项与正确选项之间只是相差一两个词；探究主旨的题，先把每段的内容简单归纳，再从文章的结构出发看作者的意图；完形中的理解题，在上下文中经常能找到照应的词句。我坚持每天练习两篇真题，做完后整理总结正确答案的特点和其他选项的错误原因，这样一直持续到高考，确实有了不小的进步。

改错的差距往往在于最后的一两个难点。一篇文章中的错误点一般不会重复，所以可以事先记一下常见的错因，在把直接看出来的几个改完以后，列出还没有涉及的知识点，这样可以缩小查找范围。改错中的逻辑错误，由于句子语法本身没有问题，特别容易被忽视，需要多加注意。

英语作文的要求相比语文要低很多，只需要结构清晰、内容切题便可拿到不低的分数。这类作文的字数要求严格，一般没有多少自我发挥的余地，最重要的就是让别人能清楚地知道你想要说什么。由于需要严谨的结构，有一个好的模板是必要的。你不一定要从教参上死记硬背，只要在一次次写作过程中总结出自己常用的词句，排布好以后来用即可。常见的结构分为三或四段，各段的词数比要控制在一个范围内。内容方面，每个命题都会有一定要求，写作时最优先将题目的要求表达到位，用最清晰的语句说明即可。开篇和结尾一般只需要一两句话概括，自己适当发挥的观点也包含在内，切忌在文中出现大段的个人感想或细节叙述。在考试时，只要时间充裕，建议先在草稿上写，然后对语句进行精炼后再抄到答卷上。如果要用复杂的单词或句型，尽量保证自己能正确运用，也要注意字数的限制，如果产生过多语法错误或者结构混乱，分数反而会比简单明了的文章更低。

理综三科总是让很多同学头疼，因为涉及的内容量大，做题的顺序也难安排，况且还会有个别极难的题，刚开始做卷子时总会遇到来不及的情况。在答卷的顺序方面，我并不建议按照试题本身的顺序做。不同科目的思维方式不一样，频繁切换会影响答题状态，因而个人认为还是尽量让同一科目连着做更好。在时间不够的情况下，尽量安排自己擅长的科目先做，在剩下的题里挑易答的先写，也能尽量多得些分。

物理的题目看似复杂，事实上涉及的知识点并不多。每道题往往只会用到一方面的知识内容，大题中用到的公式也几乎都是固定的。复习时，和数学一样，先整理出所有可用的公式记熟。物理题的知识背景往往很长，看题的时候要有选择性，忽略无关句子，把题目简化成一个模型。答题的时候，建议先根据题设的关系，把所有相关的公式逐条列出来。列公式的时候用课本给出的原形，而且不要随意合并。然后，再一步步解未知量的值，若时间紧迫，也可只列不解。这样，即使没有算完或是做错，步骤中列对的公式也可以得分。

化学和生物的知识量都很大，与其不停地做题来巩固，不如认真整理书本上的内容。复习的时候不一定要照搬老师的节奏，但是一定要有适合自己的计划。生化的衍生内容看似很多，事实上出题时都是严格按照课本和考纲进行的，书上未出现的拓展知识并不会考。考题中的难点几乎都是从课本的边边角角找出来的，所以在复习时务必把整套书的内容细致地看过一遍，你会发现很多自己以前从没注意到的细节。我建议的复习方式是跟着老师的节奏，以看课本为主，用适合自己的教参作为易错点的补充，完成之后再适当做些题来查漏补缺，效果会比仅仅刷题要好很多。

高考卷的限时设置，除英语略宽松一些之外，其他都还是比较紧张的。一旦在某道难题上耽搁了时间，就容易出现时间不够用的情况。我在进行了几次模考，对自己每题所需时间有了大致的了解以后，就列了一个时间分配表，在考试时严格按照计划答题。如果出现延时太多的情况，也比较容易发现，从而选择性地放弃一些细节。模考的时候，还可以在做题的同时统计一下每题所用时长，对于容易超时的题型，则在课外再进行速度练习。个人的经验是，在思考问题的时候，尽量不要为了追求太过完美的答案而耗费时间。除此之外，在不确定答案是否正确的时候也最好不要留空，否则到最后时间紧迫来不及补上或是粗心忘记，反而得不偿失。

随着高考时间一天天临近，每个人心里都不免越来越紧张。要消除这种不安与焦虑，就要想办法分散一下自己的注意力。就我而言，给每天排满计划是一个不错的方法。从每一科里挑选一些需要长期练习的内容，让自己在固定的时间做固定的事情，久而久之习惯了这种生活，紧张感自然也会消除很多，同时又可以督促自己学习，到后来甚至想玩的念头都减少了很多。每天下午课程结束后，可以和同学一起参加一些喜欢的体育活动，既可以放松心情，也能保持一个健康的身体，让自己更有精神。除此之外，有规律的睡眠也很重要，如果为了多看点书而每天熬夜到很晚，时间久了对身体有很大影响，并且会降低学习效率。

在奋战高考的几个月里，身边的同学总是最好的精神支柱。你们可以在状态不理想的时候互相鼓劲，在空闲的时间聊聊天、散散心，也可以分享各自的资料和学习经验。在这些所有人都背负着难以想象的压力的日子里，和同学们一起努力要比独自奋战更有动力。高中的最后一点岁月，是你和身边的所有人将要共同一步步走过来的。

以上就是我想说的全部，希望这些经验可以让学弟学妹们以一个更成熟的姿态踏上你们的征程。与此同时，也希望你们在埋头奋斗的同时，永远不要忘记自己最初的梦想。我们这些学长学姐们，都会在远方的高校等待你们的前来。

给老弟的一封信

姓　　名： 方　睿

毕业中学： 浙江省杭州第二中学

录取院系： 元培学院

获奖情况： 2013年浙江省高中学生化学竞赛一等奖

第三十届全国中学生物理竞赛三等奖

第二十九届全国中学生物理竞赛三等奖

2012年浙江省高中学生化学竞赛二等奖

老弟：

如果说我高三一年无穷无尽地重复做题和十二年来不断地努力与刻苦有什么意义的话，最后能踏入北大是其中之一；而如果因此所得的种种经验能够成为我在北大等到你的催化剂，我想也是一条重大的意义。

所以我现在把我所能够总结出来的东西写下来给你，愿你能够意识到你已经到了需要放手一搏的最后阶段，如果错过这个时期，多年以后你多半会感到非常遗憾；好好利用这个时期，我想你会收获值得你用一生来慢慢品味的很多东西。

学习的态度

首先，上礼拜去你家看到你还在玩电脑，我非常吃惊。我们家的电脑已经坏了有些年了，只记得最后一次用那台电脑是在中考以后看了全部的《X-Man》。我的娱乐活动仅限于体育运动，而且高三下学期以来，由于种种原因，我连周末体育运动都很少继续了。或许是性格使然，毕竟我们一直以来对学习的态度都截然不同，但是我希望你可以尽早地逼迫自己热爱刷题，热爱看书，热爱把几乎全部的时间精力都投入到剩下的高中学业中。老弟，其实我也不喜欢这种无聊的学习方式，可是这是全国高中生无法逃避的命运，如果你不试着热爱的话，就会非常痛苦。早一点做准备吧，好好想想，这可以给你带来远胜于偷得浮生半日闲的喜悦，也可以指引你走上一条更好走的路，更是对所有关心你的人最好的报答，我想你可以体会到源源不断的动力。况且很多时候，你要学会享受学习的过程。比如，我从初一开始就非常喜欢做数学试卷，我觉得写得清清楚楚、明明白白并且没有错误的一张数学试卷让人非常有成就感。

我不知道你现在所处的班级环境怎么样。也是上一次去你家，你说你们班的信息学竞赛大神们疯狂玩游戏使得你也喜欢上了几款游戏。可是老实说，我们班真正笑到最后的大神都不是这样的。比如，数学竞赛班以前比较混乱，一些男生总是会在休息的时候聚众打牌，我们班很多人就退出了数学竞赛班，自己到外面上课，自己刷题；再比如我们以前上物理竞赛课的时候，几个最拔尖的大神拿到配套练习都是拼命地刷，白天听课，晚上刷题到凌晨，看谁能在一期课程结束前刷掉最多的题。对那些拿到一些大学提前给的优惠就不再努力学习的同学，你觉得他们可以走多远呢？玩物丧志，最终走向失败的例子比比皆是，这些人十年、二十年以后可能会后悔，但后悔又有什么用呢？

我举这么多例子，并不是危言耸听。因为数学竞赛想搞出成绩是非常困难的。再说得残酷一点，目前跑在你前面的有很多从小就专攻数学竞赛的优秀人才，所以你要面临的竞争非常非常激烈。我在高一的时候有幸得到化学老师赏识，他说我两年以后拿个省级一等奖没有问题，但我仍然觉得心有余而力不足，有没有老师能够保证你数学拿到国家级一等奖或者是冲进国家集训队？如果没有，趁别的大神玩游戏的时候，你是不是可以更加努力一点，借以赶超更多麻痹大意的对手，最终站在巅峰上再和他们笑谈游戏？

还有，我总怀疑你没有把全部的精力投入到学习中。当然，这样说可能是帆姐杞人忧天了（我倒是希望确实是我多虑），但无论如何，我希望从此刻开始你可以收收心。要打球只要能够满足日常运动需要就可以了，要找女朋友可以等到你到了一个更高的平台遇见更多优秀的人的时候；要玩游戏等你到了我这个时候就可以尽情玩了（说不定到时候你还不乐意总是把时间浪费在这些东西上了）。诸如此类种种干扰你集中精力学习的东西，give them up。

一万年太久只争朝夕。你还小，可是也长大了，应该能够克制自己，暂时放弃所贪恋的、只能给你一时快乐的东西。你也应该开始一步步走向自己的理想，去追逐能实现你价值的东西了。

现在，功利一点说，你需要得到的就是赤裸裸的分数和排名，无论你接不接受。我希望看到一个全新的你。

好了，我上面说的话可能有点重了，不过，“忠言逆耳”。这些东西如果没有人给你明白、清楚地讲出来，你很容易在重重迷雾里“醉生梦死”，初中所说的分水岭都是骗人的，高中的分水岭那是真真切切的。当然，我非常相信我的弟弟，我一直觉得你比我聪明，而且你的潜力比我大得多。所以，只要你努力，完全可以做得比我更好。两年以后，同样的日子，愿你捷报传来。

分享一下具体学科的学习方法。

首先是语文

(1) 基础题每天一道加以练习（字音、字形、成语、俗语、语病、排序、语用等），考前做很多专题卷对水平的提高并不大，重在日积月累。同时，请你务必有一本第六版的《现代汉语词典》，有些成语的意思已经有了改动（比如“耸人听闻”和“骇人听闻”现在已经有一样的意思了，可以通用），这些需要你多翻字典多积累。你现在还有整整两年时间，希望你能从现在开始积累，因为语文是第一门考的，这几题又在最前面，答题情况必将影响你的考试心情。

(2) 之后是各种阅读，包括现代文、古文，也可以分为应用文、散文、小说等，我觉得准备这一块有可能成为你代替电脑和手机的消遣。你可以找一些外国的短篇小说，中国当代、现代的散文来看看，作为你累了的时候的调剂。你们老师肯定会讲很多阅读题，最后的高考复习书上也非常全面，练习、总结一段时间以后就会囊括所有题型，练习技巧掌握好就 ok 了。

(3) 古文和诗歌要保证每个星期的训练量。在考试前不仅要把古诗文默写落实到位，还要一个字一个字地落实翻译，尤其注意虚词。诗歌答题技巧和现代文很像，参照上面所说的吧。

(4) 最后说一下作文。看近几年和浙江风格比较接近的高考满分作文，这个在网上很好找的。同时自己找题(可让老师推荐)，保证每两周写好一篇，交给语文老师面批，提高起来应该很快。

你应该看出来了，我对你语文的要求是非常苛刻的，所以，如果按照我的要求来做，你的时间将被排的非常紧凑。很幸运你还有两年，可是两年也是弹指一挥间，希望你好好安排时间。

其次是数学

数学其实没有好的技巧，课堂上把老师讲的都记好，尤其是例题及多种方法都要记下来，课后认真完成作业。无论是考试还是作业都要认真订正、及时答疑，应该没有问题。

既然你搞数学竞赛，我希望高二这一整年你可以好好投入，不然会留下遗憾的。在去年寒假我刷了 1067 道物理竞赛题，我觉得你甚至可以刷更多(我说过你比我聪明)。对于参加竞赛的人来说，题不是一页页刷的，而是一本本刷的。刷下去多少题，就一定会得到同样多的回报。这里刷题不仅指竞赛，更指高考，竞赛可以分专题刷，高考我希望你趁早直接刷真题，一套一套计时刷，这样比较有效果。

另外，着重强调虚心听老师讲课，无论课上的东西你听没听过，更不能因为搞数学竞赛就不听日常的课。高考和竞赛思路是不一样的，我们班数学竞赛成绩最好的平常单元考未必能拿最高分。

然后是英语

(1) 最前面的单项选择题虽然比较廉价(每小题0.5分)，但是相对容易拿分。高中英语的语法点其实不多，但是课本编排的比较散。所以你要自己总结；单选还有一部分是词语的辨析、短语的辨析，这就需要你配备一本牛津或者朗文字典。每次做练习的时候能够把生词查出来，并熟悉用法；每单元学到的新词有一些是比较重要、比较高频的，课后自己去查出来并记下来，考前看一看这个。

(2) 完形填空、阅读理解和短文改错，我希望你从现在开始准备。这和语文基础题一样，建议的量是每天一篇完形、两篇阅读、一篇改错。

(3) 最后说一下作文。你现在要树立一个观念：流畅、没有语法错误的文章只能保证平均分。要想拿高分，必须要渐渐地把简单词汇换成高档词汇。好的方法就是你把平常积累的报纸上摘来的、老师讲的以及你自己课外找的句型、词语背熟。简明、地道、有深度，这是你的目标。

最后是理综

(1) 化学。

无论如何要把握好课堂上的每一分每一秒。我对于化学课都是“拍照式”做笔记，即无论老师讲的是不是超纲、难不难，我都会立即记下来，不懂的下课再去问老师，严禁上课走神、打哈欠。课后要认真完成老师布置的作业，及时订正和答疑。

考试的时候尤其需要强调的一点是看清题目的要求，比如，是写化学方程式还是离子方程式，是写电子结构式、原子结构式，还是写电子核外排布式，等等。不要因为这种小细节失分。

(2) 物理。

物理有两个主要的方面：一个是纯解题，包括选择、填空以及大题，其中填空题里还包括实验题；另一个是一些科学常识题，和你解题能力没多大关系，关键看你有没有好好看书(比如，伽利略有什么贡献，谁测了万有引力常量，等等)。后者很好准备，只要你每学完一本书，把里面的重要科学家及其主要贡献抓一抓就可以了；前者可能你现在觉得有点吃力，也找了老师给你补习。其实物理也是刷题刷出来的，你早一点开始做《5 年高考 3 年模拟》(后文简称“5·3”)，多找针对性的题目来做(比如专门找磁场和电场里粒子的运动的大题来做)。其实我一直想给你讲些拓展的东西，比如等效电压源方法等。不过，不着急，到明年暑假我可以专门给你讲一讲高中的十几个重要实验。其他还是要看你自己做题的。

总之，有不懂的来问我。

(3) 生物。

生物相比于其他两门都要好学，但也许更不适合你。我知道你非常不喜欢背诵、记忆，但是你得去尝试。我整个理综最后就毁在了生物手里，生物是我最薄弱的学科。最关键的原因是最后阶段我很少有时间看书，所以有很多漏洞。所以每次大考之前，你必须好好把书本一个字一个字地看过去，熟记在心。

答题没有什么技巧，选择题其实很容易做，填空题只要按照书本上的专有名词来填就不会扣分，实验题多练、多总结。生物我也建议你把“5·3”好好做一遍，多问老师问题，书背熟，多做题，一般就没有问题。

总结一下，理综需要你大量刷题、及时答疑，在考试前需要把书翻熟背熟。如果你平时非常忙碌，没有时间看书，我希望考试前一定要看看。

另外是1B的选修模块

物理是最好拿分的，非常简单，你要做好选两道题且全部做对的准备。

数学两道题目前定为不等式、极坐标与参数方程，我不知道到你们考的时候会不会变。如果不变的话，应该不难。如果你竞赛入门了的话，这两块应该可以轻松拿下。建议你必选且拿到全部分数。

英语我推荐你选一道题，是一道选择型的题目，和英语高考卷最后一道阅读理解题很相像。你要多找题目练一练，词汇量也是一个关键。

化学我建议你物质结构与性质那道必选，元素周期律、核外电子排布，这些不难的；还有一道题，现在是化学与技术，比较难做。有时候它问你为什么这么操作，你还真答不出。这道题我持保留态度，不一定会选，你可以随机应变。

其他我从来没有考虑过，我也希望你慎重。你的目标是60分，不是55分，而多数文科的题目你很可能难拿到满分，虽然你的知识面很广。

当然，生物可以考虑一下。你们老师如果会给你们讲的话，起码有一道题可选。

你明白选择的大概范围了吧？相信我是没有错的。再说一次，你的目标是60分。

Summary

你可以非常清楚地看到，我这次给你的信和以前鼓励你中考的信相比，语气是完全不一样的。老实说，我非常着急，我觉得你应该比我、比你妈妈更着急，可是你现在似乎过得还比较淡定。我知道你现在非常渴望成功，尽管前面的路非常艰难。可是你真的准备好不只是迎接挑战，更是要战胜它了么？

很多人认为我一直以来顺风顺水，没有什么烦恼和挫折。其实，不是这样的。我在高一比你现在稍微早一点的时候还在搞两门竞赛，有段时间周末回到家，累得话都懒得说；我有那么一整年每天六点起床，早饭吃的都是两个刀切馒头，因为我要有足够多的时间来读英语；有那么一段时间我的晚饭都是一根玉米和一杯酸奶，因为怕上物理竞赛迟到……我知道你很辛苦，但我并不比你轻松。尽管在大家看来我运气比较好，物理竞赛拿到了成绩，高考又没有什么压力，但是这之前我在春晚的时候逃到楼上去写作业，好几次没有和你们一起出门旅游，这些又有谁知道呢？一分耕耘一分收获，没错的。老弟，我并不是在显摆，在唱高调，我只是希望你高中最后两年可以像我那样去过。其实你比我幸福，现在你在家里有那么多人照顾你，你完全不用烦恼学习以外的任何东西。你看看我，当时在学校明明学习学得焦头烂额，但还是经常为了寝室卫生扣分而被寝室长批评；为了少排队，吃到的饭都是冷冷的。你是最后的一场战役，老弟。老姐已经步入了她的未来，也即将踏上新的征途，只有你还坚守在这个艰苦卓绝的战场上。也正因为这样，你将有我们都没有的更加坚强的后盾、更加明朗的未来，所以无论如何你都可以做好,也必须做好。

我说过我希望看到一个全新的你、一个特别优秀的你,无论结果怎么样,我其实仅仅希望看到你的努力。

以前我给我的圆圆妹妹写过一句话,在这里我同样送给你:

姐姐们替你开天辟地,你只需脚踏实地。

老弟,It’s your turn.

帆姐

今天（挥汗）播种，明天微笑收获

姓　　名：关玉烁

毕业中学：河北正定中学

录取院系：信息科学技术学院

获奖情况：2014年数学联赛国家二等奖

2014年物理竞赛市一等奖

2014年生物联赛市一等奖

2013年数学联赛省三等奖

《菜根谭》开篇道“欲做精金美玉的人品，定从烈火中煅来；思立掀天揭地的事功，须向薄冰上履过。”不管在哪里，只要我们想要收获成功之花，就必须付出奋斗之血汗。然而，只有奋斗是不够的，必须在99％的汗水之上加之1％的技巧。下面我就用几千字小谈一下高中的学习。

首先是中华之脉——语文

很高兴能和大家交流一下我学习语文的感受，非常具体，但绝对一手资料，全无借鉴发挥。

先说学习语文的动力。和不少理科生一样，我对语文的兴趣远不如对数理化浓，但我仍会较真儿地学下去。因为，就高考本身来说，语文是考试第一科，它的好坏直接影响着接下来其他几科的考试心情；就志愿投档来说，语文是同分考生决定投档顺序的区分标准，你可能会因语文成绩稍低一些而和心仪大学失之交臂；就学以致用来说，语文能极大地提高我们的阅读能力，试想一下，在众人呆愣之中，能快速地读懂深奥的文章并流利地翻译出来，不是一件很高大上的事吗？所以，非奋学而何为？

有同学认为语文学习是需要天赋的，我不否认。我也曾质疑自己的语文天赋，但即使在语文考试中屡遭惨败，我也并没有因此停止语文的学习。而且在学习的过程中我渐渐悟到了这个学科的独特魅力，她对我人格的濡染、非智力因素的开掘和综合素质的提高都起着潜移默化的作用。

而且，当我的学习渐有心得，我发现语文也是有法可依的。以课标卷顺序为例，我具体谈谈自己在学习及答题上的技巧与体会。

论述类文本阅读，大家可将2014年真题做一遍，每做一篇就总结一下设错方式，把这些经验总结下来(写到本上)，再跟着老师的复习进度把出题方式总结一下。

文言文阅读，拿到试卷，首先浏览题干，这时的预判正确性极大。先说第 4 题，首先要通晓教材中的古文。遇到熟词熟义一定要小心，这很可能是错误项，如果实在选不出来就不要纠结了，遵从第一印象。第 5 题，虽然课标较原来有变化，但切分句子和理解文意是相连的，一个重要技巧就是宁多不少。第 6 题，要学会耐住性子逐字翻译。重点注意第 7 题要求翻译的两个句子，一定要联系上下文，别让翻译脱离语境。文言文的学习是积累的过程，功夫要下到平时。

诗歌鉴赏，我认为要从两方面准备。第一，从诗的体裁着手。例如，思乡诗、杂感诗等，每一个都记住感情、手法等(这个老师会组织做的，一定要好好做)。第二，从诗的题材出发。总结常见题型，了解常见用语，规范不同题的答题模版。

现代文阅读，我一般都是选择实用类文本阅读。选择题的做法和论述类文本 1～3 题基本一致，且主旨类总结类占分较大。第 2、3 小题应注意概括信息类，在作答时应用总分形式。第 4 题首先亮出自己观点，再做出分论点。

第二卷的语言文字应用中，要花力气做好成语背诵，病句题要总结错误类型，排序题要多用排除法。而作文部分，我的观点是多写不一定好，多改才是王道。在作文中，应该有生动的比喻，琴棋书画、天地日月都是极好的。其次，要用鲜活的、与古典交融的素材，如梅贻琦、陈寅恪、史玉柱、许家印等名人的名言或论述。作文是最不能讨巧的，这也曾让我抓狂，但不管走怎样的写作路子，都需要你自己体悟，自己积累并形成自己的写作风格。

至于答题时间，我一般在开考后50分钟时做到默写，到80分钟时开始做阅读，100分钟时写到作文，留50分钟写作文。

我的总结十分粗略，因为任何技巧和经验都有无法言传的个人体悟在里面，要学会游泳，只听教练的必然不够，更具体实在的还需要自己在实战中去领悟。

回顾高三一年，我用了比其他科更多的时间学语文，却一直没有理想的成绩。但我没有松懈，依然笃定地坚持着，最终取得了自己满意的成绩。大家在学习中也会有这样或那样的困惑，但请相信，有目的地努力一定会有回报。同学们，记住，永不言弃，加油！

下面是逻辑“风暴”——数学

作为六年的数学课代表，可以说我和数学结下了不解之缘。下面从数学学习、考试、经历上说说。

先是数学学习。数学学什么？对于高考生来说，学就是复习的过程。一曰复习基础，不是说让你去翻书背概念，而是总结基础题、中档题的常见题型（这能提高正确率和速度）。断不可因基础简单而放弃基础，把时间都用在偏题、奥赛题上。二曰重点突破。尤其是三轮复习，在考试中发现的问题一定要解决，对于不熟的知识用额外的习题“蒸熟”。三曰难题。段玉超（我校一位数学满分学长）说过：“难题是出题人微笑着和你谈话。”大家要在一年中坚持揣摩出题人的意图，在头脑风暴中积累难题的经验。高三学习紧张，既不能赌气般地用三到四节课的时间做一道题，也不能为了其他科作业舍弃难题。四曰作业。高三的作业多，可以挑不顺眼的（解题思路瞬间想不完）去做。但每周都要花时间去做基础题，不然会在基础上错很多题。五曰上课。上课一定要紧跟老师，老师讲题时不要做目瞪口呆状,要在纸上同时运算。

再是数学考试。首先要解决心理问题。要想解决好心理问题,我认为应注意以下几方面。

(1) 千万别有"上次考得好,怕这次考不好;或上次考得不好,怕这次也考不好"的想法。要知道没有永恒的桂冠,只有不断地奋斗。

(2) 在考试中一定要相信自己,题目认真做过一遍就不要再反复检查了。

(3) 考试末尾,除了全部都做完的同学,其他人这时一定很紧张,最后 5 分钟的正确率骤减。要克服这个困境,建议平常有 15 分钟训练(可以在下课前 15 分钟进行)。

数学考试时,写不完试卷我认为往往有四个原因。

(1) 知识不扎实,体现在做题生疏。

(2) 心理脆弱,不断检查做完的题,结果是前面没做对,后面也没做完。

(3) 考试时时间安排不合理,在一个题上死磕,结果发现时间已逝,只能长叹一声,留下"英雄"泪。

(4) 试卷太难,这时不求做完,仅求做顺。

需要强调的数学三大法宝。一是高考题要整套地做,我刷了 2011 至 2013 年的考题,段玉超刷了 45 套模拟及 2003 到 2012 年的高考题(当然不全做,要挑着做)。同时,要研究标准解答,因为那是最标准的解题步骤。二是要有一个总结本,只总结高考题,重点总结中难题。要在总结中记下这一类题的解决方法。三是要做到每天反省自己,时刻纠正自己。

高中三年,经历了不同风格的老师,也有幸与数学大神们共度一段时光。每一届都有大神，在大神的光环下，我们既不能黯然神伤，也不能像他们一样放松自己的学习。高考比试的不只是天赋，更是在高考路上的心态以及做题时的状态。学弟学妹们，不要过于纠结于和别人的比较中，人生路还长，不定谁辉煌！

然后是万物之理——物理

三年的物理学习，我的成绩从中等转为优，并在平时考过不少满分。本文以时间顺序叙说物理学习。

刚入高一时，我认为要做好预习，不求完备，只要有个心理准备就够了。高一学生，可能对物理有不适应感，我推荐用大量的练习破冰。另外，不可只是盲目地做题，要有总结，总结新知识，总结个人的做题经验并对每一次考试进行反思。记得高一上学期物理成绩欠佳，我通过总结这个方法从70多分飞跃到了100多分。

高二学生，要利用好暑假进行预习。因为没有了高一时对知识的强烈陌生，所以可以预习很多知识。开学后，会遇到电磁知识的“冲击”。电磁知识是物理的压轴，也是理综的压轴之一。难度是有的，但不是不可战胜。物理上的难题，一是考超纲知识，二是考多过程分析。超纲知识，一定是有符合高中知识的巧解（微积分除外），往往是从最基本的概念出发，考查你的推导能力。而谈到多过程分析，可谓是陷阱不断、特例不断。这样的题，可能乍一看复杂或难算，却往往会因中间某个结论而简化运算；也可能题设简单，却以一个个陷阱考验着你的分析能力。对于好学生，在高二后段可以学习自招知识。

高三前段，我的意见是不单独写物理题。虽然老师说写理综还太早，但事实是越晚越没时间做。在整卷中找手感得高分，这才是高三阶段的任务。我推荐大家做历年的高考卷，真正体会高考的感觉。这句话好像玄乎其玄，但真的是这样，因为高考和模拟不一样，出题人的思路也不一样，一点的思路偏差就可能导致6分尽失。重要的是要跟着老师的复习步伐，可以不给自己加量，但一定在思想上和老师保持高度的一致。

高三，感觉帮助最大的有两个。一是记录每天的物理学习心得，二是保持高强度的训练。心得让我熟悉高一、高二的知识，主要是一轮复习的任务。练习是让我们运用心得，这是二轮、三轮复习的目的。

这就是我的物理学习。我的方法可能并不全部适用，但我希望你们能采纳其中的一两点。物理，是转化的过程。把新的问题转化成已有的知识，把复杂的问题分解成各个小问题。祝高考成功！

接下来是双股剑——化学和生物

化学部分

(1) 物质的提纯和分离及化学实验。这是高考必考的大题。要了解各种仪器，如冷凝器分直型、蛇型、球型。要背诵常见操作的标准写法，平时不要怕麻烦，否则高考就麻烦了。实验题如果遇到陌生的操作，不必过分纠结，这个操作可能与题设无关。即便有关，后边也会有提示。

(2) 对于物质的量，我认为主要是细心，别被选项的陷阱所坑。

(3) 元素部分，对于新课标考生来说，习题和正文同样重要。要把习题中的新鲜知识勾出记住。如2013年高考考了黑火药的成分，就是课后习题。在一轮复习中，要把元素的物化性质记清楚，尤其是基础的方程式。同时，我认为化学学得越多做得越好，所以在周末可以学一些大学课本中的元素知识。

（4）对于化学平衡，不可害怕计算。在我的印象里，只有2014年高考的化学平衡题貌似简单，前几年的平衡题计算真的很别扭。所以，应该不断练习自己的计算能力。做得多了，计算错误就少了。

（5）对于电池部分，这也是难点之一。大家看看2013年的锂电池大题，真是难倒了一片人。电池题不仅考电极方程式，还考分离、物质的量、陌生方程式、元素性质等。综合性很强，不重视必吃亏。所以一定多练新题，多总结新的设问，多记忆课本上的电池题。

（6）有机化学，对于知识，只能是反复复习、反复记忆。对于做题，重要的是总结。有机化学的难点一是推不出，二是数不对。我的建议是：对于前者，考试时推不出，果断选结构；对于后者，要有顺序，必要时全写出来。

生物部分

生物，在理综中处在很尴尬的位置。想要生物拿高分，就是背和写。一是背，除了遗传题都要背。尤其是课本中的黑体字，一定要循环记忆。不要像我一样在高考时慨叹基础知识不牢固。生物基础不扎实是理综中拉分的原因之一，它一分一分地、像凌迟一般地割得你心痛。这样说吧，用多长时间背英语，就用多长时间背生物。二是写，在写题的过程中熟悉知识，在写题的累积下培养答题速度。如果通过多做多记忆，已经在脑子中留下五六种常见情况，那么只需用几次假说演绎就能把较难的遗传一网打尽。

另外，我认为错题本真的不用有，抄题的时间还不如用来复习。不设错题本,但一定要认真对答案,一定要在日后反复翻看错题,这才是错题的真正作用。

终于说到了英语部分

听力:建议买一个 MP3。在 MP3 中下载高考真题、VOA,还有英文歌。但不能把晚上的时间全用来听歌,可以每周听一次,感觉做不到就别带 MP3! 一定要保证每周四天以上听听力,一来为了高考,二来可以催眠。

阅读:到了高三,阅读的练习量很大,大家应量力而行。可以定个标准,每次考试得分 125 以上的每天保证二到三篇。其他人建议全做(当然,若失分全在完形填空,可以少做)。阅读就得做,没别的招。邻班某君一周做了三百篇,以后的考试几乎次次阅读不错。除了做,还要有反思。反思高考题的出题方式,会对你的高考很有帮助。

完形:我推荐先总览全文,不能一看就过而没有印象。“假设你是命题者,你在原空中填什么”,如果你提前这么想了,你会发现你将做得很顺。另外,在这个过程中你的语法填空能力也会提高。我们可以在训练中把平均分提上去。

语法填空:我在高三下半年里,刷了不少语法填空题。在最后一个月,刷了差不多五十篇。我很后悔没总结全部错误,就记得 will 不能单独用(句意对也不行)只能用 can 和 might ,除考察虚拟语气外不能照抄原词。让我吐个槽,语法填空真是完形的好兄弟,那错误率和单选不在一个等级上。

改错:说不上有经验,如果考试时剩一两个实在做不出来,建议就不要抠了,写完作文再说。

作文：我认为作文80%看书写，20%看文采。大家在剩余的假期里不妨练练书写。而文采，不在于你写得有无真情实感，只在于是否有高级句式（真昧心，但就是这样）。

高中，我做了2011至2013年全部英语高考题，并且把2013年高考的全部阅读题又分析了一遍。不是炫耀自己，而是激励你们。

准备高三，准备知识的复习再复习。

准备高三，准备考试的来袭再来袭。

准备高三，准备作业的无穷和无限。

准备高三，准备大神的陨落和屌丝的逆袭。

准备高三，准备各种甜和各种苦。

对高中学习的几点建议

姓　　名： 黄　宇

毕业中学： 贵州省凯里市第一中学

录取院系： 城市与环境学院

高中阶段是人一生中学习的一个特殊阶段。相对于初中而言，其具有深层次性；对于大学而言，其又具有基础性。所以，一个真正想在学习上下功夫的人，不能不重视高中阶段的学习，这也就是高中学习的重要性所在。

高中学习大致分为适应期、积累期和备考期三个阶段，积累期最为重要。适应期的主要特点是：深层次性、高要求性、强思维性。从初中到高中的跳跃中，同学们最感到困难的是数学、理综和文综。数学、理综的要求不再仅仅是背公式、记定理，而是向哲学和科学结合的方向发展。譬如，解决数学问题的思想方法：类有转化与化归、数形结合、函数思想、猜想与归纳等，均是哲学思想与实际问题相结合的体现。另外，政治、历史和地理不再仅是要求背诵课本内容，更是要求运用所背诵的知识解决实际问题。而很多同学不能清楚地认识到这一点，仍然在死记硬背的误区中。所以，改变初中学习的方法和心态，是适应期的主要任务。

适应期只是高中学习生活开始后一至两周，之后便是重要的积累期。积累期的主要特点是：学习内容繁多、知识零散、思维系统不完善。在积累期，知识学习方面，要注意打好基础，不钻研难、偏、怪题，对平时的测试要重视，但也不要过分计较考试的分数高低。多做各种类型的题目，多总结解题方法，最好能将各部分知识联系起来，做到触类旁通。解题能力的培养绝不是靠题海战术，而是靠多思考、多总结、多实践。同时，也应注意到，积累期的学习任务十分繁重，常常没有时间实践上述内容，这是很正常的。在此提出，只是讲述积累期学习中应该注意的事项，具体实践情况应由同学们依据自身情况把握。总之，扎实掌握高中知识，是积累期的主要任务。

从高三开始，便已进入备考期。按照一般的复习进程，备考期主要划分为一轮、二轮复习。一轮复习的主要任务是梳理知识点，这是对积累期学过的知识的回顾，对还未完全掌握高中知识的同学而言具有重要的帮助作用，所以大家在复习的时候务求全面、精细，不能马虎、粗略。二轮复习主要是对知识点进行划分，以专题的形式进行复习，从而达到使同学们将所学内容联系起来的目的。

除了上面所说的内容外，我认为要想在高考中取得好成绩还应做到以下几点。

(1) 实行一段时间的题型专训，使自己对出现过的每种题型都能做到知道怎么寻找解题思路、知道是否有隐含条件、知道怎样规范答题。

(2) 实行高考模拟训练。具体方法是：选择优秀的模拟试题，按照高考的科目顺序，以两天为一个单元进行模拟高考训练。在高三初期，重点是进行一轮复习，此项工作可以依据实际情况灵活进行，知识点已经梳理完后即应抓紧时间实施。其主要目的是使同学们熟悉、适应高考的题型，提高解题速度和正确率。此项工作重在持之以恒。

(3) 解题时思考要有深度，学会举一反三，不能仅仅就题论题，而要深入揣摩出题人意图并发现其不足之处，这在找不到解题思路时具有激发思路的作用。

(4) 每完成一题，要及时订正答案，从答案中发掘出不同的解题思路或方法，再与自己的方法比较，选择自己所擅长的方法。同时，以答案为参考标准，不断规范自己的答题用语和格式。

(5) 遇题一定要深入思考，要多尝试运用不同方法解题，实在无法解决时再翻看答案，否则便会养成对答案的依赖。

上述内容是对总的原则的说明，下面是对具体学科学习方法的一些说明。

（1）语文。对于大多数同学而言，语文似乎是一门不太值得花时间去钻研的科目，同学们对语文的认识局限于考试的范围中，而没有去真正了解、亲近它。我个人认为，学习语文不只是学习课本，而是要从中国传统文化入手，要先弄明白中国文学的发展历程，即先秦散文→汉赋→六朝骈体文→唐诗→宋词→元曲→明小说→清对联→现代白话文学。初高中对语文的学习，主要集中在唐诗、宋词和现代白话文学上，虽有时涉及先秦散文，但只是学了一点皮毛而已。所以学习语文的首要工作便是在平时多多阅读唐诗、宋词，体会其意境所在。同时，文史不分家，要多读历史，了解一些重要人物的生平，方能对诗词有更深的体会。至于现代文学，要多了解民国时期历史，以史解文，才能多少了解一点文章的深意。这是在研究文章思想主题上的工作。在研究文章写作手法上，则要首先弄清楚各种写作的方法，再与作者的代表作相互参照，便可大致明白作者的写作风格。如此学习语文，便不再是将语文用于考试，而是在语文学习中获取大量的知识，这对于个人的发展是具有巨大影响的。所以说，语文功夫在平时，真正喜欢语文的人，应是对经史子集都有所涉猎的。说到如何对待语文考试，则应注意以下几点。

① 尤其要重视选择题的拿分。论述类文本选择题是令人十分难以把握的题目，对此，要尤为重视文本与问题之间的对照，做到有理有据，依文解题。成语、病句和段落填充要在平时多加练习，多记几个成语、几种病句类型，多分析句子之间的逻辑关系，对解决这三种题目有极大帮助。

② 文言文功夫在于平时多阅读文言文，找到语感，如果能做到可顺利阅读文言文，则证明文言文能力已达到一定水平。平时要多背古诗文，尤其注意字形的书写，保证在古诗文默写中拿满分。

③ 对于古诗词鉴赏，一要在平时多读古诗词，以便能迅速进入意境，了解其表达的思想感情；二要多学习回答各种类型问题的格式，分点答题。

④ 实用类文本是较简单的题目，重点在于学会信息的寻找、整理和归纳，并按一定的格式分点答题。文学类文本是难度较大的题目，如果没有较高的文学修养和一定的答题训练，建议不要选择。

⑤ 语言表达题是开放性较高的题目，一定要因时而变，依据具体情况组织语言答题，切忌出现不符合题目要求的语言现象。

⑥ 本人作文水平一般，故对作文不做评述。

(2) 数学。数学的学习是哲学与科学相结合的过程，是需要极精深的功夫的。但仅从考试角度来看的话，应注意以下几点。

① 选择题和填空题要拿到 60 分以上。解题策略是：能正解时先正解，正解较难可猜证。多从反面想一想，数形结合有奇效。解题多用简便法，选项里面藏机妙。原则上选择题和填空题的答题时间不能超过 45 分钟，如果有暂时放下的题目，则解题时间应保持在 30 分钟左右。

② 选考题、三角函数、数列、立体几何、概率与统计是难度中等的题目，均应争取拿满分。答题时，要慢想快答，一定要保持思路清晰，要严格按照答题格式规范答题。

③ 圆锥曲线、导数是难度较大的压轴题，应秉着尽量多拿分的

原则规范答题。一般而言，要尽量将圆锥曲线题完整做出，并保证格式规范，条理清晰。对导数题则是尽量将思路展现出来，尽量将能解决的问题解决。

(3) 英语。作为一门语言，英语学习与语文有相通之处，可以相互借鉴。除此之外，本人认为学习英语还应注意以下几点。

① 多开口说英语。英语在我们中国人日常生活中应用很少，不常说就会导致英语口语能力逐渐退化，所以要多说英语，保持语感。

② 多听英语音频，锻炼听力。

③ 多背单词，不断扩大自己的词汇量，同时大量阅读英语文章，在阅读中学习词汇的使用和各种语法。

④ 经常尝试用英语写作，提高自己对英语的掌握和运用能力。

总之，不断强化听、说、读、写能力，是学好英语的关键，不能仅靠做试卷来提高英语能力。同语文一样，功夫还是在平时。

(4) 理综。理综的困难不在于题目的难度，而在于题目的量太大，以至于很多同学在题目未做完的情况下便不得不交卷。所以，同时提高理综答题的速度和正确率是学习理综的重要任务。依我的经验，应在30～40分钟内完成理综的选择题部分，再用60分钟完成生物和化学的大题，之后在30分钟内完成物理大题，最后所余时间用于检查。整张试卷有一部分问题未完成是很正常的。上面说的是理综考试时间分配的总原则。下面是对理综三科的分别说明。

① 生物。生物是难度较小的科目，做好生物题是理综拿高分的重要保证。复习生物时一定要熟记每幅图、每个原理、每个实验。考试时，务求生物选择题拿满分，之后按选考题→生态→调

节→代谢→遗传的顺序进行答题。作答时要抓紧时间，语言要言简意赅，准确切题。遗传题要多花一些时间去研究，此时一定要平心静气，沉着应答，不可慌张。

② 化学。化学属于中等难度题目。与生物相比，化学更倾向于通过设置情境来考察考生对化学原理的运用能力，所以化学考题更加灵活。解答时，务求选择题拿满分，之后按选考→化学平衡→工艺流程→化学实验的顺序进行答题。其中，选考部分的“物质结构与性质”考察知识记忆方面比较多，较易拿分，但有时会出现应用已学内容解答信息类问题的情况，其难度便可大可小，不好拿分。同时，对于需要用文字说明的问题，如果不曾深入了解物质结构与性质理论，便会觉得无从作答。而“有机化学基础”重点通过框图考察有机物之间的相互转化及有机物的性质，只要能顺利推导出有机物，便基本上能完成大多数问题。在本人看来，做有机化学更好。化学平衡考察化学基础理论，应用心细作，保证拿满分。化学的难点在化工流程和实验上。对此，一要平时多加练习，总结经验；二要学会从出题人的角度出发，思考回答问题的途径；三要多参照答案的用语，学会组织语言。

③ 物理。物理是理综中的压轴科目。要想学好物理，平时必须下苦功夫。必须通过多做题、多思考、多总结、多回顾才能学好物理。遇到难题时，要多思考，如此才能在考场上以正常心态面对。解题的一般顺序是先做选择题，然后依次是选考题→第一道解答题→第二道解答题→实验题。一般而言，做选择题时要争取每道题都做对，对于多选题要谨慎，要在有充分把握的情况下才能多选。选考题和第一道解答题一般都较容易解出，所以务必要做到答题准确、规范，争取拿满分。第二道解答题则属于压轴题，此

题一定要尽量多做几问，无法准确做出时，要将解题思路明确表达出。做选考题和第一道解答题时，要将过程和结果完整写出，而做第二道解答题时，要尽量多写思考过程，淡化结果。复习实验时，要抓住实验原理，多做各类实验的变形题目，加强对实验原理的运用能力。实验题属于重点拿分题目，要争取拿到满分。

(5) 文综。作为理科生，本人对文综试题安排方面不是很熟悉，但本人想对文综的学习方法做一点说明。文科的政治、历史、地理，绝不是靠死记硬背便可考高分的，而是要抓住其原理来分析、解答问题。这便要求同学们在平时学习文科时要多分析，多琢磨，多思考评述问题的思路，多总结思想方法，方能以不变应万变。

以上是对具体学科学习方法和考试技巧的一点说明，下面我将谈一谈心态问题。

高考既考查知识，又考查心态。对于高考，总的来说应该保持平和、淡然的心态，不骄不躁，从容应考。所以同学们应注意以下几点。

(1) 对一切考试均应秉持“认真对待、正常发挥、冷静沉着、及时总结”的思想和心理，不要对平日考试持无所谓的心理，也不要过分看重考试的成败。

(2) 平时多阅读经史子集，使自己保持积极进取的精神状态。要树立远大理想，认识到高考只是迈向理想的一道门槛，因而不要为功利思想所扰，要保持内心的纯真。

(3) 用真诚的心去对待每个人，认真做好每一天的事，谦虚谨慎，不要自高自大。

(4) 不要早恋，因为早恋对于学习有极大的妨碍。如果将时间和精力投入到早恋上，最终只能是自食苦果。

如果能做到以上几点，再认真领会前面讲述的学习注意事项，那便是一次巨大的进步。但我所讲述的只是个人的一些浅见而已，以供学弟学妹们参考。

从目标谈起

姓　　名： 景昊天

毕业中学： 新疆生产建设兵团第二师华山中学

录取院系： 光华管理学院

获奖情况： 2013年第三十届全国中学生物理竞赛二等奖

2012年全国青少年信息学奥林匹克联赛一等奖

2012年第五届亚洲与太平洋地区青少年信息学奥林匹克竞赛中国赛区铜奖

2011年全国青少年信息学奥林匹克联赛二等奖

我们高考为了什么？可能大部分同学苦读多年都不知道自己为什么夜以继日、拼尽全力。高考，是人一生最公平的一次竞赛，是成功之路的垫脚石，是命运改变的开始。你的一切梦想，一切对未来生活的憧憬都是理想主义，现实是残酷的高考，当拥有了高分，一切才会变得容易，当结果不尽如人意，未来自然也会迷茫。高中拼搏三年顶得上未来拼搏十年。这是一个可以用知识改变命运的时代，青春能有几回搏，何不横刀立马笑对高考，燃烧追逐梦想的热血照亮美好的前程？所以，树立起我们不变的目标——向最理想的未来奋斗不息。

我想先来分享一下我高考的故事。高一、高二时和每一个人一样，在紧张的学习之余，不乏一些课外活动，我热爱计算机编程，热爱跳街舞，参加了学校大大小小的活动，并多次前往乌鲁木齐、北京参加青少年计算机奥林匹克竞赛，曾取得不错的成绩。也正是因为没有把所有精力放在学习上，成绩总的来说进步不是很大，高三时以中等水平进入了小尖班，从那时起，我才真正感受到高考带来的压力，总感觉它如此之近，我知道我要开始放手一搏了。首先，我放下了所有的课外生活，全身心投入到学习中。我的英语成绩长期保持在100分左右，这是我总成绩不好的原因之一。而我发现提高最快的办法就是多做题，多做的同时，更要多想。

高三上学期，得知学校有一个北京大学校长实名推荐的名额，我积极参加。选拔的过程考核了学生的学习成绩、人文素养、艺术素养、表达能力，可以说进行了全方面的考核，最终，我有幸获得了这一宝贵的名额。兴奋之余，我也在思考自己的责任有多重。听说上一届被推荐的学长高考只考了620多分，如果不是实名推荐加分无法进入北大。校领导、老师，都希望我不因为得到加分而放慢脚步，当时我的模考或平时考试成绩平均620分到630分的样子。稳定这个成绩，加上实名推荐所加的分确实能上北大，但我真的很想自己裸分过线，这样进入北大就感觉和每个人都在同一水平线上，没有更多的负担。从那以后我才感觉到自己的潜力有多大。当我挤出所有零碎的时间学习，当我以饱满的热情去迎接知识，认真踏实，我以为会有很大的进步，但现实告诉我，我还是630分左右。思考过后，我发现，原来考的高分都是很虚的，只是某一份卷子考到了我会的东西。而高三就是要去找自己不会的东西，查漏补缺，让每一次考试都能得高分，这样高考才能万无一失。所以，付出了，不一定会立马得到回报，不要气馁，坚持最重要。学习往往就是这样，它有延时效应，你的所有付出，都会在将来，特别是高考的时候变为现实。我的生活和大部分人都不太一样，每天晚上回家吃过饭后看会儿书，九点左右就睡觉了。因为在教室里一天的学习实在太累，我在很累的状态下写作业效率是很低的，所以从晚上九点开始，睡六到七个小时，凌晨三四点钟起床，精神饱满，四周一片寂静，这时的学习效果最佳，一直学到去上课。当我形成了这样一套生物钟，我上课时也不会打瞌睡，时刻都能集中精力。另外，中午午睡二十分钟到半小时也是非常重要的，它能保证下午的良好学习状态。就这样不断奋斗着，直到高考前的九轮模拟高考训练，我的成绩还在620～650分之间波动。我一直觉得这么多的努力只换来10～20分，未免有些不尽人意，但高考的时候考出了666分的好成绩，我想这一定不是偶然，是厚积薄发的结果。以前我考630分，可能我的真实水平只有610分，但高考前我考630分，我的真实水平应该有650分了，这样发挥好才能上660分。高考就是这样一个天道酬勤的过程，老师布置的成堆的卷子以及我自己购买的成堆的套题,它们都成了我进步的翅膀;高考也是一个脚踏实地的过程,不要幻想突然的灵光一现,只有一步一个脚印地向前迈,才能登上自我的巅峰;高考还是一个磨砺心智的过程,当你走过一遍高三,你会发现你成熟了很多,面对挑战将不会胆怯,也会站在新的高度看待问题。

老师常对我们说,小胜凭智、大胜靠德。高考的第一要义不是如何学习,而是如何做人,如何以端正的态度去面对。我们不能因为他人可能超过自己而不去分享自己的知识、经验以及方法,这种自私的想法最终会害了自己。一个人能走得很快,但一群人才能走得很远;一个人的智慧是有限的,互相帮助才能共同进步。考得好不要嘲笑别人,考得不好也不要嫉妒别人,因为这些消极的情绪同样会在你前进的路上绊倒你,所以摆正心态很重要。最重要的是,不要以为到了高三,家长和老师就应该无条件地帮助你。他们的付出总是那么无私,所以应该懂得感恩。在高中这些日子,不是只有你很辛苦,陪伴你的父母和老师可能比你还辛苦,再没有时间也应该去关心、去问候一下爱你的父母和老师。

下面谈谈对待高考的心态。面对高考,最重要的是激情。成功时的喜悦可以化作不断进取的动力,失败时的失落可以化作奋起拼搏的动力,要时刻对知识充满新鲜感,要为自己丝毫的进步感到骄傲,也要对自己很小的疏忽深刻地反思。将学习变为一种乐趣,去感受做出一道难题带来的兴奋,去感受成绩进步带来的自豪感。将家长、老师逼迫的被动,变为自我学习的主动,要有找题做的心态,要有饱满的求知欲。以上所说的一切,都需要自我的心态调整,真正提高了主观能动性,才能有质的飞越。

接下来讲一下我的一些学习方法。所有科目都可以用适当的题海战术。做的题多，一定有用，这点毋庸置疑。但我们选择题目时，要找自己薄弱的部分加强练习。另外，买各科的小题狂练，抓住细小时间练习，小题做好，便成功了一大半。最重要的是做各科的高考模拟题和高考真题，边做边找出出题人的意图、思路，明白他想考你什么，这样解答的时候使用的知识就有一个明确的方向，不会盲目作答。纠错同样是非常重要的一部分。纠错本一定要准备，可以将错题剪下来贴在本子上，这样可以节省时间。而最最重要的是将错在哪些知识点搞清楚，写在下面，并将这一小块知识重新梳理。因为考前基本就看纠错本，不可能每一道题都做一遍，但可以将每一个易错知识点看一遍，这样既提高了效率，又达到了目的。纠错一定要坚持，老师讲卷子的时候，把纠错本放到边上，边纠错边听。有些题没错，但可能知识点学得不扎实，听的过程中也可以将不扎实的要点记到纠错本上，方便以后一起看。我的纠错本上都是一条条的知识点，它们很重要，也容易错，是我的宝贵财富，也是我冲击高考的资本之一。

学语文很重要的是从高一开始进行文学素养的培养，特别是要多看书。不要只读某一种类型的图书，涉猎的范围一定要广。头脑中的东西多，才能正确理解文章意思，才能写出好文章。现在的语文高考，就是考细节。现代文阅读的考法一般是判断一些很像原文的语句是否正确，所以拿到试卷直接看题目，再通过题目内容查找文章中的类似语句，用笔画出来。比如在某语句下画上1A，表示第一题的A选项出自这里，之后认真比对，每一个字都要斟酌，经常陷阱就隐藏在一个词中。文言文和古诗要注重积累，把每一篇的重点文言实词记下来，每一次考前都看一遍，高考时一定会记住。古诗更多的是要理解，要多读多想，古人的情感其实没有那么复杂，总结梳理所有类型的古诗，拿到题目后，确定其感情基调，再进行细节分析，答题时便能游刃有余。

我学习数学时，不做任何笔记，但是会非常认真地听课，跟上老师的思路最重要。数学就是要动脑，要去想、去思考，平时上课前用十分钟左右时间预习，预习是个非常好的习惯，做好预习，上课时就没有对新知识的陌生感，学习的起点就会高一些。学习数学，巩固知识点，熟悉解题思路与方法，最重要的途径是做题。在题目中寻找思路，用做题来熟悉公式，公式不是用来背的，是用来做题的，公式用上三遍，不由自主地就会记住，隔一段时间用一次，就会牢记于心。我们要多做经典题，尝试新题型。很多人是因为做题少、懒惰而导致数学成绩不好。如果把数学当作自己的兴趣，那就是更高的境界了。当你热爱它时，提高成绩就会成为最低的追求，更多的是去探索、去钻研。

高考时注意时间的把握，选择填空共十六道，最好在四十分钟内完成，当然大部分同学都会碰到二至四道题一时没有思路，或者根本不会，如果在四十分钟内没有解决就立刻放下，把它们圈出来，开始做解答题。前三道解答题和选修题一般都很简单，而且变数很小，只要平时多加练习，是很容易拿下的。两道压轴题的第一问一般也很容易解决，所以在平时所有考试中，以上所说的题目必须很认真地完成，弄懂。当你把这些题目做完时，估计还有十到三十分钟，这时再返回去看没有做出来的选择填空，这样算下来数学考120分左右应该不是难事。解题中同样要注意细节，特别是解答题，每一步都要写清楚，每一步都不能漏，思维要严谨，这些要在平时做作业时注意，考试考得如何，很大一部分都在于平时作业完成的认真程度。最后讲一下数学选择题的一些技巧，数学选择题很容易出陷阱，所以在选出来某一个选项时，要留心剩下的三个选项是否都是错的，这样才能万无一失。数学选择题也会出现难题，特别是第十一和第十二题，一般采用代入法，就是把四个选项分别代到题目中验算，这样非常快捷，准确率又高。

再说说英语学习，我的英语在高三提高了二三十分，秘诀就是每天坚持做阅读和完形题。不放过每一篇阅读中的每一个生词，不放过自己的每一个问题。如果把阅读和完形题中的所有生词背下来，我相信超过了高考大纲的范围。不会的自己查一遍，记不住下次碰到再查，不出三次，不用刻意去背就能将它记下来了。多读多做本质上是一种语感的提升过程，并且越来越能抓住英语阅读的通性，出题人的角度是不会变的，练得多了，自然会知道一篇文章应该从哪里入手，甚至读完形题时凭语感朗读一遍就能选出答案。最后一个境界我到高考时仍没达到，但高三一年的积累足以让我提高很多，高考英语 135 分，让我欣慰这么多努力没有白费。同语文一样，英语学习需要积累。如果你刚上高一，那么请从高一开始就重视英语，多背多练，这样到高三会比较轻松；如果你已上高三，英语不怎么样，就得多花些精力。每天的背诵肯定少不了，背诵的小册子要像家门钥匙一样每天装在口袋里，坐公交、吃饭前、等人时，甚至走在路上，任何时候都是你学习的时间，背英语就要抓住细小的时间，这样提高会非常快。英语作文的书写非常重要，阅卷老师看到赏心悦目的书写时通常给的分会比较高，同样一篇文章，书写好和书写差可以相差 5 分。

最后讲一下理综的学习。理综不同于数学，它有很多要记要背的东西；它又不同于英语，也有很多对逻辑思维的考查，所以理综对理科生的综合能力要求很高。平时分科练习要认真完成，打好基础，高考题是在基础上稍微做一些文章。学习时不能有知识点的遗漏，基础扎实的同学到了高三很快就能适应理综的考试。当从三门分开考变成两个半小时考一套理综时，很多同学感觉时间不够，一开始这很正常，一部分是策略的原因。一般从前往后顺着做比较好，这样可以不漏题，中间碰到有疑问的题目，将它圈出来跳过，把会做的都做对，分数就不会很低了。时间不够的主要原因还是水平不高，当你对知识点足够熟悉，对题目类型足够了解，做题就会又快又准。另外，专注很重要，在这样一场时间紧迫的考试中，抬头看表的时机和次数要控制好，一般要看五次表，选择题做完看一次，物理压轴题之前看一次，物理压轴题做完看一次，化学结束看一次，生物结束看一次。剩下的时间都要全身心专注于题目，其他什么都不要想。思想一离开，就得重新开始捋思路，非常浪费时间。专注也是需要训练的，平时就要练在150分钟的时间内，能什么都不想地专注于学习，中间一刻都不能停，如果你足够专注，在这150分钟后，就算天气不热，手心、额头、身上也会出汗。自己让自己的大脑紧张起来，全身都会紧张起来，这时的状态最好。

取得一个好成绩，不仅仅是高三这一年努力的结果，也不仅仅是高中这三年努力的结果，它需要你从小养成良好的学习习惯，端正对于学习的看法和态度。小学、初中和高中的学习内容都不一样，所以学习方法也不一样，每一阶段都应该自己去探索出适合自己的学习方法。但是，万变不离其宗——要保持对学习的热情，它不是你的任务，而是你的理想，要充分发挥主观能动性，才会有质的飞越。

高中各科我的学习心得

姓　　名： 李能韬

毕业中学： 云南省大理市下关一中

录取院系： 地球与空间科学学院

经过高中三年的学习，我幸运地考入北京大学，在学习过程中有些体会，愿与学弟学妹们分享。如果能对大家的学习有所帮助，将是我的荣幸。

英语：功夫在课外

一路考试过来，英语这一科目给人的感觉是与课程联系没那么紧密，很少会遇到标明考试范围的情况，即使有，大多也是考查其他的词汇和知识点。因为，作为一门语言，无论是单词还是语法都不可能割裂开来。而且从考题的趋势和实际应用来看，语篇还是重点。

当然，单词始终是基础。课内的单词和短语要重点记忆，不过不能局限于此。确实，由于课本及配套磁带的便利，通过提前预习、带入课文朗读和识记、单词听写等，可以有效地记住单词，但也不是完全靠课堂上的时间能够做到的。即使记性好，一时记住，日久也会遗忘。根据大脑的遗忘规律，应该在当时记住后当天复习一遍，次日复习一遍，之后一星期、一个月、一学期分别再次复习。间隔可由个人情况而定，但次数和梯度都要保证。

这样记住的单词还是“死”的，只有读音、拼写、词义和词性，离真正应用还有距离。想要让它“活”起来，就要想办法将其运用于句子和语篇。有条件的同学可以使用英汉双解词典，用英语释义来进一步了解单词的含义，并仿照例句自己造句。若没有例句，在网上搜也是很方便的。在一个义项下能够写出正确的句子，那这个义项就被掌握了。

有人说过：“如果一个词你能用上十次，那么这个词就属于你一辈子。”这就是自然、正确地使用语言。日常生活中，真正使用英语说或写的机会不多，写英语日记是一个方法。首先，不要追求难度，先练手感，并与英语原文比较，避免按中文翻译或写出不合英语语言习惯的文章。之后就可以有意识地加入新学到的词汇了，前提是要符合语感。

培养语感，最重要的是加大阅读量。建议在练阅读理解等题时，不要只为做题而阅读。即使与题目无关，也应注意一下其中新学的词。看看其用法是怎样的，表达什么含义，必要的话再默记一遍。这也是长期积累的过程。一个单词适用的语境和词义上细微的区别，有时不是靠背例句就能掌握的。遇到生词，可遵守“三步走”策略：先不看这个生词，通过其他词了解段落大意；若是精读文章，或对该词已有印象，则通过该词所处位置和相对应的内容，推测词义和词性；若在课外阅读中频繁出现，可能是常用词汇，就要在推测的基础上查出该词准确含义，并按照新学的单词来记忆。

做英语阅读理解，掌握文章大意比较关键，这就需要课外功夫。如果对课外知识有足够的积淀，那么往往能在阅读过程中将文章内容和自身的知识储备联系起来。这在做科普类文章阅读时尤为有用。当然，正式考试时的文章，以及今后真正要阅读的英文文章，通常是之前没见过的。了解文化背景，是有效的策略。英语文章毕竟有其自身风格，思维活跃，主旨不明显，甚至“小题大做”等，都不足为奇。

现在英语学习最大的困难是缺少语言环境。尽管对多数人来说有各方面的条件限制，但配备一台录音机还是可以的。听的练习可从课本磁带开始。如果时间紧，学习压力大，在看和写之余闭上眼听一会，不失为有益的调节。开始时别要求自己听懂每个词，能听出语段的大致含义就好，之后再落实到每个句子。如有条件和兴趣，听英语新闻和歌曲也会有明显益处。至于听力考试的音质问题，大家不必过于担心，也不必专门为此练听不同音质的材料。在我们备考时，老师曾问过：你们说这段录音不清晰，那么开头的中文为什么又能听清楚呢？确实是这样，同为语言，只要其中的中文能听清，英文理论上也是能听清的。区别只是在于熟悉程度。

虽说功夫在课外，不代表课内不重要。在课堂上，老师能根据大家掌握的程度来决定教学内容，还能做出有针对性的指导。这是任何参考书都无法相比的。

语文：一步一步提高

语文是所有人都必须掌握的学科，也是不容易取得优势的学科。一般来说，语文的考试成绩不容易拉开差距，与其他科目也无必然联系。反而语文成绩容易成为更多人的短板。

怎样提高语文成绩呢？重要的还是靠平时。字词、文言文、词语搭配等，都需要一点一滴的日积月累。语文知识点可谓数不胜数，就算考前搜肠刮肚地将考点列出来背诵，也难免挂一漏万。因此，一些临阵磨枪的同学大失所望，也就不足为奇了。在这方面成绩不理想的，不要怨天尤人，一定要脚踏实地，循序渐进，平时要多积累。

语感的养成需要时间，不过毕竟有语言环境，在平时多注意语言的规范性即可。只要不荒废，一般不会有太大问题。此外就是保持对语文的兴趣，平时遇到没见过的字词和用法，要多留心，学习新的知识，及时订正错误。

有人说语文成绩与水平无关。这也不尽然，但至少现今的考查方式是很有限的。在题型相对固定的前提下，对题型的熟练程度就成了影响分数的重要因素。古诗文默写靠背诵，没什么好说。而阅读题除了阅读量以外，重要的就是答题的规范。一般来说，只要功底不差，每道题都能拿分。要看清题目问什么，根据类型来选择答题模板。

保证了基础分之后，还有余力就要向更高的目标进发了。古诗词鉴赏要有一定量的课外阅读，并且要在了解各种诗的类型以及艺术手法的基础上，熟悉各种意象，优化答题语言。包括其他阅读题，只要是简答题，都应该将自己的解答与标准答案做比较。看出其差别所在，了解规范的答题条理和风格，那么不论原先水平如何，在阅读题上都会有一个提高。特别是实用类文本阅读，规律性强，易于上手，适合原先阅读基础不强的同学选做，尤其是理科生，这是展示逻辑思维的好机会。至于作文，其实是最难的一道题。尽管满分作文不少，但绝大多数同学都达不到那个水平。所以不能盲目模仿。若感觉自己有天分，则在平时练习中要多尝试不同的文体及写法，发现有特别擅长的就不要放过。当然，想朝该方向发展，最好要有老师指导。若没有出彩的文体，还是继续练议论文比较稳妥。作文素材多积累，思路和结构可先列提纲，叙述要精炼，议论要有条理。总之，要循序渐进地提高自己的作文水平。

数学：逻辑思维和运算

数学是最难的一门学科，也是理科的基础，不学好不行。而要学好，勤奋和方法都很重要。

数学的知识结构，好比是一座螺旋上升的阶梯。每一级既与前后内容相连，也与上下各层相关。缺少了任何一级，都对内容的前后衔接构成影响。这就要求我们对每个模块的内容都充分掌握。除非能力特别强，否则应该坚持课前预习。这样，即使知识点难或老师讲得快也能跟上。课后独立完成作业，对知识点加以巩固。一旦出现漏洞，就要立即回顾相关内容，找出漏洞所在。我的老师说过："说得清哪里不懂，问题就好办了。"要做到这一点，我想就是要对每个漏洞都及时修复。先自己思考，复习相关公式及题目。确实不能解决时找同学帮助，还不行就要请教老师。只有长期坚持这样做，知识水平和思维能力的提高才能保证，才能克服畏难情绪，进入到良好的状态中。看到一道题就能看出条件和解决方法，说得清涉及的知识点，并一步一步解出来，这样才是真正具备了"数学思维"。

不少同学有这样一个困惑，为何做了这么多的题，考试成绩却不理想？确实，真正的考题往往是以前没见过的，经常会涵盖多个知识点，有时连题型都很陌生。再加上时间有限，运算复杂，如果再一紧张，就会被彻底打乱阵脚。从多数同学以及我自己的经验来看，思维到后来跟不上是发挥不好的重要原因。其实试卷的题量并没那么大，大部分也不是难题，如果做每道题都顺利，时间是够的，但这基本不可能。考验能力就在这儿了。平时练题多，有手感和熟练度，是必要的。但题型是否练全，主干知识是否熟练，还是个疑问。数学题型和方法如此之多，以致花很多时间去练，运用时也难免出错。这更要求要有数学思维。建议课本中的每道例题都要自己做一遍，使其中的通用解法了然于胸。而各种特殊方法，也要自己进行推导，才能保证关键时刻不出状况。

学习数学的另一个拦路虎就是运算了。有些同学因为运算出错而徒劳无功，耗费脑力和时间，还影响情绪。方法会而运算不过关,实在不值得,也不算真正会用。高中的数学运算,不只是加减乘除,常见的是组合运算和字母运算。一来考查数学基础,二来考查思路。建议不熟练时要先肯动笔,将必要的运算步骤写出,并保证无误。在无误的前提下进行限时训练,不断提升熟练度以保证速度。在考场上也要尽量先用笔在草稿纸上演算,尤其是公式,最好先写出,以免一时疏忽而南辕北辙。

物理:重视定义与过程

物理是理科的基础。虽说分值没那么高,但分差却不小。想要拿高分,就要尽量掌握通用的解题方法。

有些人物理学得轻松,因为一通百通,需要记忆的内容少,但内容少不等于可以不去记。如果一些基本的定义和公式记不准,那就后患无穷了。光做题不看书,纵使侥幸做对,一旦条件发生改变,又会出错。各种物理量,都有其定义,不需要做到能一字不差地写出来,但一定要理解。离开了定义,物理之“理”也就失去立足点了。由于文字内容少,其实记住也不难。一般还要再创设几个情境,用定义来说出情境中的物理量之由来。此外,用比值或乘积作为定义,那就是公式了。所有公式都是需要牢记的。

定义和公式记住了,再来做题。物理题一般条理性强,做起来也很讲究条理,找出已知条件和设问之类的是基本功,就不说了。关键是要分析题设所述的物理情境,以找出适用的公式来。特别是与力学相关的题目,要在脑海中勾勒出物体间的关系及运动过程的图像。这对空间想象能力提出了要求。建议一开始做题时不要好高骛远,做对简单题,并说清每一步的过程及其道理即可。如果还有困难,向同学和老师请教,多听别人描述几次,可能就茅塞顿开了。若有必要，自己搭个简易模型，用手移动小物体来做模拟。手、眼、脑配合，调动好思维，多试几次会在大脑中形成图像。而复杂一些的题，无非是多个简单的物理过程组合在一起。有了简单题的基础，理清思路，将其化解为多个简单的步骤，难题也就迎刃而解了。

就应考来说，重视书写过程常常会起到举足轻重的作用。物理解答题，是按照步骤来给分的。如果图省事，略去必要的步骤，用文字代替或直接给出结论，即使结论正确也有可能失分，结论错误则将失去大部分的分数。而且省略步骤过多，容易引发错误。过早将数据代入也不好，容易使过程复杂且看上去思路不明晰。相反，即使一时拿不准物理过程或运算结果，将正确的公式写上去，也能得到分数。至于填空题、选择题，多数也是需要自己先列出公式，才能得到正确的结果。

物理运用到的数学知识相对简单，要注意物理量的单位。记忆各个物理量的定义时，就要记清其单位。配合与之有关的公式，就能清楚该单位的其他表达形式了。若嫌带单位计算麻烦，可先用字母计算，然后再化成数据形式。如果不是国际单位制中的单位，一定要将单位代入，或化为国际单位制再算。在遇到复杂的计算时，检验单位是否一致，这也是重要的验算方法。

生物：“看”课本而不是“背”

生物这门学科有“理科中的文科”之称，因其知识点多，且以文字性内容为主，不去反复记忆是不行的。

但它毕竟不是文科。要记好和用好，靠的还是理科思维，即所谓“理解性记忆”。

生物以其特有的魅力吸引着我，以至于遇到有关的书就忍不住阅读，课本也是如此。从初中到高中，考试中总能得到好成绩，可以说兴趣起到了作用。但要说因兴趣而去背书，进而取得高分，还真不是。我到后期复习课本的时间倒不少，但专门拿来背的次数，却屈指可数。

都说这一科没那么难，舍得下苦功总会有成效的。不过我认为，还是要设法提高效率。特别是在备战高考的前提下，像有些同学每周专门用一个晚自习的时间来背诵课本，就有些不值得。虽说考题源于课本，但考察的内容都以关键词为主，连句子都罕见，更不要说整个段落了。对整本课本的文字熟悉一些固然好，但与投入的时间和精力相比，往往得不偿失。

那怎么办呢？可以在老师的指导下勾画课本中的重点内容，缩小范围。但不是说这些内容就需要背，其他内容就不理睬。首先，在上新课的时候就应该细读全课内容，如有必要，最好先预习。跟着课堂思路走，不忙于记笔记。一时疏理不出主干不要紧，课后再回顾几遍，就能看出其中的脉络了。之后无论自我感觉如何，都要再次回看课本。不必拘泥于回看内容的多少以及用功程度，只要真正把心放在其中，都会有效果。平时不妨将课本当作“闲书”，茶余饭后随手一翻。看的次数一多，就有了印象。到备考时再看勾画的重点内容，负担就轻很多了。对于其中关键的词句，可以默念几遍，也可以回忆一下与之相关的内容。看非重点内容时也要活跃思维，看一会事例，停下来体会一下其中的科学思维。这对以后的自然学科学习大有裨益。这种“多看”的方法，亦适用于物理学史的复习。

答题时还要注意语言的规范性，生物中的一些填空题，多少带有简答题的性质，采分点和要点是否答出和语言是否通顺都很关键。如果知识点都明白但多次在某一模块的题目中失分，就要将自己的解答与参考答案做比较，找出问题并在以后的练习中多注意，避免因“心明表达不明”而吃亏。

化学：知识网络与计算

如果说物理难在思维难度大，生物难在记忆内容多，那化学就是将两者结合起来，这使得化学难于上手，好不容易有点思路，又忽略了特殊情况，还是做错了。化学是使很多人选择文科的原因，学业水平测试的不合格率也高于其他科。

那怎么才能学好化学呢？关键之一，是将各知识点和方法联系起来，构建一个知识网络。从知识点来说，数量虽多却有一些内在的联系，需要先有足够的知识储备，再找到规律，用规律去记忆更多的内容。比如元素周期表，要记住那么多元素的性质、原子序数、相对原子质量确实不容易，但如果看出了其中的规律，无疑会使问题简化很多。化学的知识是网状的，不像物理那样靠少数定理就能支撑起来，这就要求我们要持之以恒，舍得下功夫。

化学素以方法多和规范多而著称。在生活中，看到非专业范围中的化学式，很少是正确的。为什么？化学式的规范多，各元素符号首字母大写，第二个字母小写，数字标在开头、右上角、右下角的含义各不相同，而这些不是一时半会儿能记住的。化学式尚且这么难，离子方程式、热化学方程式又怎能一蹴而就呢？还有化学实验，既要考虑反应物的性质和加入顺序，又要考虑加热的时机，还要顾及废弃物的处理和防倒吸等安全措施，没有知识网络还真无从下手。所以平时就要打好基础，一步一步把知识网络结牢。

只有这样，应用时才能够不忽略各个要点，自然而然地想到所需的知识，并进一步增加知识网的强度。

从应考的角度来说，计算在填空题中也是一个重点和难点。原理和公式都懂，审题也没有问题，如果因为计算错了一步而功亏一篑，轻则失分，重则影响之后的答题或花费过多时间，破坏理综做题节奏。这种情况在周围的不少同学，包括我自己身上都出现过。怎么办？一来要重视计算，二来要优化思路和过程。

如果说数学的运算是考初中功底，那么化学的计算就是考小学的基本功。没错，重点考的就是三位数的乘除，也辅以加减法。要说技术含量还真没有什么，但要在考试环境下快速算出而且保证准确还真不容易。除了少数心算能力特别强的人，都要认真对待这一基本功：笔算。平时就要养成认真计算的习惯，勤于动笔，不要用计算器。毕竟这是需要练就的一门技术。常用的相对原子质量最好记住，题目中的数据也要勾画出来，避免抄录时忙中出错。

至于思路和过程，还是从公式开始。初次做某一类型的大题时，要老老实实按公式进行。悟出原理，熟练步骤，才能开始简化。但遇到稍复杂问题时，还是要先列出关键式子来，由此可避免遗漏条件。

以上体会出于我个人的经历和认识，不一定适用于每个人。希望大家能够触类旁通，早日找到适合自己的学习方法。当然，大家也不要过于看重考试成绩，全面提高自己的素质和能力，保持良好的心态，才是最重要的。

踏遍青山，一路向前

——谈学习心得与体会

姓　　名： 李　铮

毕业中学： 黑龙江省大庆市铁人中学

录取院系： 化学与分子工程学院

获奖情况： 数学竞赛省级一等奖

物理竞赛省级二等奖

化学竞赛省级三等奖

学习是一条漫漫长路，有青山绿水，也有大漠孤烟。这条路让我们睿智，让我们成熟。拥有一颗虔诚的心，踏遍青山，一路向前，能够不断丰富自我，领略人生的碧海蓝天。

寒窗苦读，步入大学，回首过去，有快乐，有辛酸，无数个日夜留给我许多记忆，更让我从中收获了一些经验和方法。在这里，我与大家分享，希望能对大家有所帮助。

首先，对于学习，有一个正确的态度很重要。那么我们为什么要学习呢？在我看来，学习，是为了生活。学习能够让我们掌握处理生活问题的方法，门锁怎么打开，自行车怎么骑，甚至于手机、电脑怎么用，这些生活知识都需要我们学习；学习也能让我们提高处理人际关系的能力，怎样与人沟通，怎样解决矛盾，这些都能通过学习来摸索与领悟；学习还提升我们品味生活的能力，使我们能去欣赏美，陶冶情操。学习是多层次、多方面的，为的都是我们自己的生活。所以无论是学习书本上的知识还是生活中的经验，都应该抱有一种积极乐观的心态。

其次，学习需要一个目标。这里指的是一个宏观的目标，是对整个人生而言的，这决定了我们想打造怎样的一柄宝剑，成为一名怎样的剑客。换句话说，应该对人生有 ·个宏观的构想，想成为一个什么样的人，过什么样的生活。这样的顶层设计能够左右我们人生的方向。

有了这样的宏观目标，接下来还需要具体划分，确定阶段性的目标。人生是一条通往天幕明星的漫漫长路。这些小的阶段性目标就是路上的一个个驿站，划分得精细些，能够让我们把每一段走得更加踏实，目的性更强，顺着一个个驿站走下去，就会实现我们最初的梦想，不至于在某一处迷失方向。具体说来，想好了成为一个什么样的人，过什么样的生活，那么小学、初中、高中、大学应该去什么样的学校，取得什么样的成绩，不同科目应该掌握到什么程度，哪个方面有特殊需要应该去加强，以后去哪个城市工作、生活……目标的划分可以一步步进行下去，具体一些，细致一些。

在确定大目标和阶段性目标时应注意：第一，世界是发展变化的，而且随着人的成长，对世界的认识也会改变，所以无论是大目标，还是阶段目标，都不会是一成不变的，可以去适当调整，但不能像万花筒一样变个不停。一场旅行没有固定的方向，只能原地打转。第二，目标要适合自己，同时也要适合集体和社会，这样才不至于让自己孤立，走入歧途。第三，有时可能并不能看得清未来，确定不了太远的目标。不要紧，那就先从现在出发，走好眼前的路，多去尝试一些兴趣方向，慢慢时间会告诉我们是非对错。第四，可能有时事先确定的阶段性目标因为种种原因没能完成，这时，不必自责，条条大路通罗马，通往梦想的路不会只有一条，坚持方向，适当调整，结果可以同样精彩。有了目标，接下来，征途开始，精炼宝剑，成为一名真正的剑客，一些正确有效的学习方法能让这个过程高效快捷。

对于学习，学习方法就是怎么去锻造一把宝剑，怎样成为一名剑客。以下我主要介绍一下各科的学习方法和策略。

语文

语文知识平时应该多积累，如作文素材、名人名言，每天看几十个成语，以几天或是一周作为一个记忆周期，进行回顾复习和自我检测，这样可以免去考试前突击的苦恼，准确度更高。如果有兴趣、有精力，每天可以看一首诗词以及相关的鉴赏文章，高一、高二时也可以看一些小说、散文、哲学等方面的文学作品，增加自己的文学底蕴。至于作文，书写要清晰工整；多练习立意，要准确扣题，同时最好能对材料多角度立意；在不断写文章的过程中要逐渐摸索，形成自己能够熟练驾驭的结构套路，文章要有思想深度，同时还要有文笔韵味，这都需要平时的练习，多想多写，尝试磨合。议论文事例要大胆创新，与时俱进，观点鲜明。平时可以找一些作文材料，限时思考立意，写出题目、开头、结尾，中间部分简单列出提纲，每两周左右写一篇完整的文章，与同学或老师进行交流。对于阅读题部分，及语言文字运用、论述类文章阅读，要了解问题类型，如强加因果、偷换概念等，总结步骤方法。病句题注意语序不当、搭配不当、成分残缺等。古诗鉴赏要注意表达技巧。其实语文题有许多规律和答题经验，建议用笔记本分门别类系统地记录下来，同时还可以记录一些文言虚词和实词，方便查看。

英语

这是一门与语文类似的科目，一大特点是在考试中客观题占有很大比重，学好英语的基石是拥有一定的词汇量，能够准确运用较高级词汇。与记忆成语类似，可以每天定量记忆单词，定期复习巩固。最好系统地学习一下英语语法、句式，这对学好英语大有裨益。英语作文字迹也要清晰整洁；作文要符合要求，段落清晰，句式词汇多样变换，同样的意思换用不同的表达方式，避免单调。在做阅读理解时，了解一定的外国文化常识，要与大众的价值观相符，避免在判断选项时误入歧途，出现失误。在英语方面有较大兴趣的同学，可以在学有余力的情况下积累四、六级词汇，托福、雅思词汇等，多练习口语，真正全面地去掌握一门语言。

数学

数学是理科的基础学科，却也让不少同学觉得头痛。不可否认，数学需要一定的天赋，然而没有独特的天赋也不见得就学不好数学。在心理上不能畏惧数学，数学的确会有很难的题，但那样的题很可能大家都觉得难，这时心态要沉稳，一来这道题即使做不出来，但能推出一步还能获得一步的步骤分，所以尽力就行；二来心态沉稳能极大提高前面简单题、中档题的准确率。这样综合下来，虽然有没能攻破难题的遗憾，但最终仍能取得较理想的成绩。

接下来，我要推出的是一部江湖上传说已久的秘籍宝典——错题本。错题本大家可能听惯了不觉得新奇，不过要真的用心去做，的确很有益处。错题本实际上适用于各科，但对像数理化这样的理科尤为重要。在笔记本之外，错题本是必不可少的。高中三年，大家都会游历题海，遇到好题，错过之后回头再找无异于大海捞针，这时候如果提前准备了错题本就能免去很多烦恼。错题本该记些什么呢？首先，主体部分当然是错题，但也可以记录一些好题、创新题；其次，对于选定的有价值的错题，可以经过裁剪粘贴，保留原有的错解，在旁边写清正确做法，还应注明关键点、易错点，以便日后回顾时能迅速理清思路；最后，错题本上还可以记录一些课堂上或练习时遇到的一些经典问题，如解析几何注意判断圆锥曲线焦点所在的坐标轴，统计问题注意有效数字的保留，等等。诸如此类的答题经验，一点一点积累起来也是一笔不小的财富，能让我们的宝剑更加锋利。经过错题本的整合，大量的试卷、练习题、经验、教训、精华都在一本本笔记中了，能方便记忆，极大提高效率。

还应提到，数学以及物化生的试题中选择题及填空题分值很高，往往这部分的发挥会左右最终的考试结果。高考时失误一个就可能改变命运，这大概是许多同学最苦恼的。对于这个问题，一方面毕竟能力所限，可能难免会有不会的一两道题，所以在心理上要给自己留有余地，为难自己会让自己更加慌乱。难题的解题能力要在平时培养，多想、多看、多见识，考试时思路会更活跃，有机会突破难点；另一方面要把会的题做得精准，最好能一遍全对。我建议平时可以多做一些限时训练，例如一套数学卷，限定自己 40 分钟内完成 12 道选择题和 4 道填空题，并预先设定一个目标，允许自己错几道，连续的 40 分钟结束后，核对答案，看自己是否达到预期目标。如此长期反复地训练，可以再增加强度，40 分钟完成 16 道选择填空再加 1 道大题(第 17 题)，这样的训练可以有效提高准确率。希望能对苦恼于自己准确率的同学有所帮助。

最后，谈一谈理综：理综包括物理、化学、生物三科，学好每一科才能最终取得华丽的分数。除了之前提到的错题本，在这里我再谈一下每一科的心得。

物理

物理与生活息息相关，许多现象在生活中都很常见，有一定的生活经验积累对物理的学习很有帮助。有时原本抽象的问题有了生活中具体经验、现象的体会就会变得生动、直观，难题就会简单许多。而且，我们学到的知识最终还是应用于生活，从这一角度看，注重实践、联系实际很重要。物理题要把握方法和规律，例如同一直线上三个不固定电荷平衡静止，电荷规律是“同夹异，大夹小”，方法规律的运用可以极大地简化问题。

化学

平时要注意一下计算的准确性，能巧妙地运用终态法、极限法等解题方法。化学题一般难度不会太大，多用一点心就能大有收获。尤其电化学和化学平衡部分，规律性很强，一种类型题掌握了就能解决很多问题。

生物

这是一门有些偏文科的学科。我觉得很重要的一方面就是要重视课本，与其他科目相比，生物的课本尤为重要，几乎每一句话都是一个知识点，准确掌握知识点和必要的概念就能解决一张试卷的大多数问题。至于能力部分的培养，如实验探究题和遗传规律题，可以集中精力，进行一下专项突破。

总之，六科的学习方法和经验互有相通，但也各有特点。概括起来，第一，各科都要重视积累。“积土成山，风雨兴焉”，积累是一个增强自身能力的过程。第二，注重训练。无论哪一科，都需要通过训练来熟练知识。我们可能对应试教育会有这样那样的争议，但毕竟，我们的能力水平还很大程度上要通过试卷来体现，所以还是需要通过练习尽可能地提高解题能力。各科都可以进行限时训练，这是非常有效的一种方法，既能提高准确率，又能帮助我们把握时间。通过摸索形成节奏感，可以使我们对各科试卷的组成特点了然于胸，多长时间该完成到什么程度，到了考试时不至于手忙脚乱。尤其理综试题，综合性强，一定要尽快适应，找到适合自己的答题方法和习惯，是按顺序答，还是按科目答，开始时先尝试尝试，实践是检验真理的唯一标准。

这些学习方法和经验可以帮助我们羽化成蝶，炼成削金断玉的宝剑。然而踏遍青山，长路漫漫，难免会遭遇波折，身心疲惫，这就需要我们学会调整自我，做到身心安顿，烦恼平息。接下来，我来分享一下我的调整方法。

第一，每天用一点时间去运动一下。可以晚饭后去散散步，也可以课间在操场上跑几圈，还可以打打球，跳跳绳……总之，做一些自己喜欢的运动，既可以强身健体，又可以舒缓一下紧张的学习节奏，把体力活动与脑力劳动相结合。但要注意不能强度过大，过于疲惫会消耗有限的精力，达不到调整的目的。安全也尤为重要，在竞技对抗较强的活动中要尽量保护好自己。

第二，多交流，多沟通。在前进过程中遇到的问题可能是多方面的，这时多进行一下沟通，说不定会有意外收获，即使不能解决问题，有人倾听也会让人觉得舒畅安宁。吃饭时、饭后、课间都是很好的聊天时间，在不打扰别人的前提下，和同学、朋友聊聊天，一起开怀欢笑，放松心情。有时学习上遇到了瓶颈，成绩不太理想，可以去和父母或老师谈谈心，既可以寻求帮助，丰富学习经验，又可以把心中的苦恼与成绩不佳带来的压力释放出去。沟通交流在前进的道路上至关重要。

第三，有一定的兴趣爱好。可以爱好一点琴棋书画，在高一、高二有休闲时间时可以去投入一下，对于修身静心大有帮助。兴趣可以高雅一点，也可以大众一点，只要能静心、有价值就可以。我个人就喜欢去听一些纯音乐，让心情跟着音乐走，帮助舒缓心情。

最后，处理好休息与学习的平衡。学习固然需要勤奋，勤奋就意味着要多投入、多付出，但这并不代表要在学习上投入所有时间。计算机运行时间长了会发热、变慢，人也是同样的道理，这时不妨停下来好好休息，缓和一下。俗话说得好，“磨刀不误砍柴工”嘛。许多人觉得勤奋就是熬夜，熬得越晚越可能出成绩。我觉得这样的想法是有失偏颇的。不同人学习效率高峰的时段存在差异，如果熬夜时学习效率极低，思维混乱，那么熬得再晚也很难有成效，不如早些休息，在状态好时，自习课上多用些心，专心高效完成目标，这样效果或许会更好。那些容易因为压力或休息不好而头痛的同学尤其应该注意，如果觉得不舒服，千万不要为难自己，休息时间一定要保证，调整好自己的身心状态才能学得更有效。

学习是一个长久的过程，发生在每一个瞬间，每一个角落，学习也不只是学书本上的知识，为了懂得生活，更好地生活，应该细心地去多见识、多学习，成为生活的智者，从容地经历人生，经历岁月。

达则兼济天下，我们讲究要有一种广博的情怀，平时多去思考一下自己可以为别人、为集体、为国家做些什么。我觉得日后求学，无论飞得多高，走得多远，还是应该回来做些有意义的事。一个国家也会有它的梦想，这样的梦想需要一代代人去拼搏努力，总有一天梦想会成为现实。所以请让我们一直努力传递梦想，去铸就一个民族和时代的辉煌。

“雄关漫道真如铁，而今迈步从头越。”学习如同十年磨一剑，这不是一句玩笑话，要想拥有一把属于自己的宝剑，成为一名优秀的剑客，就一定要坚韧执着地走下去。踏遍青山，领略千山万水的魅力；一路向前，用心走向远处那颗夜空中最亮的星。最美好的时光在路上，愿你收获快乐，收获梦想，收获人生！

下面是我喜欢的毛泽东的一首诗，希望和学弟学妹们共勉。

立　志

孩儿立志出乡关，
学不成名誓不还。
埋骨何须桑梓地，
人生无处不青山！

写给那段追梦的岁月

姓　　名： 王孟儒

毕业中学： 安徽省合肥市第一中学

录取院系： 元培学院

获奖情况： 第二十六、二十七届全国高中学生化学竞赛省级二等奖

2013年全国中学生生物学联赛省级三等奖

首先感谢北大给我这样一个机会来梳理这三年的经历和心路历程。

我对北大的憧憬是从刚上高中开始的，那时听说北大水平高、食堂好、男女比例均衡，于是便认定了一个目标——冲向未名湖畔。带着这个目标，我向我的高中生活进发。

初中的时候我的成绩在全校名列前茅，但在合肥一中这样一所精英荟萃的超级中学，大家似乎都带着各种各样的光环，不努力的人只能被淘汰。更何况我所在的班级是理科实验班，军训的时候同学晚上的寝聊话题就是各种数学物理题和其他课程的预习。进校的第一个月现在回想起来还觉得很可怕，所有人早上都很早起来到教室读书学习，生怕落在别人后面。那年的“十一”假期，我甚至拒绝了老妈提出的所有出游方案，在家认真复习了一个星期，准备第一次考试。入学第一个月是班上同学学习最认真的一个月，在第一次考试之后，“三国杀”和网络小说便开始冒头了。越来越多的人开始“不务正业”，但我还是坚持着自己的步调。当然我也没有像一开始那样过于疯狂地学习了，而是适当地调整了节奏，让自己不要那么紧张。现在看来真是庆幸我坚持了自己的方向，三年来一直都没有放任自流，才有了今天的结果。对于刚上高一的学弟学妹们，我想说：不管外界怎样喧嚣，只要认准自己的方向坚持走下去，最初的梦想一定会实现。

在高一，我参加了一个让我受益匪浅的社团——合肥一中模拟联合国协会。模拟联合国简称模联，参加模联会议的学生们模拟扮演各国在联合国的代表，在一整套完善的议事规则下各自为争取自己国家的利益展开激烈的辩论与磋商，最后达成一个解决问题的草案。我一共参加过三次模联会议，其中一次还是学术水平很高的外交学院模联大会。这些模联会议不仅让我学会了从多角度思考问题，更锻炼了我的表达能力，让我结识了来自五湖四海的小伙伴们。最重要的是，它唤起了我对国际上各种问题的关注和思考，让我更接近"怀天下抱负"这个宏大的目标，而这也恰是模联的意义所在。

高一下半学期可以说是顺风顺水，几次段考我都在学校名列前茅，同时也被选为模联协会的英文组学术总监。就这样升入高二，我渐渐开始浮躁，学习也有所松懈，直接导致了大半个学期的成绩下滑。那段时间又正好赶上模联市会的筹备，压力可想而知。我清楚我只能在模联和学习之中二选一。在市会结束之后我退出了模联，同时用以往两倍的精力投入学习，终于回升到了我原来的位置并一直维持到高二结束。至今我还为退出模联感到十分遗憾，但回想一下，这也是我一开始浮躁而不好好学习的后果。所以我劝诫学弟学妹，不管在什么时候都要沉下心来，万万不可浮躁或是松懈。

从高二下半学期开始，我便开始为竞赛做最后的准备。在即将进入高三的紧张关口，我却放下了高考的复习准备而去拼化学竞赛，把自己淹没在雪片一样的试卷里，竞赛前最后一个月更是放下了课程，在年级部会议室刷题。但竞赛的结果却并不理想，考试那天我发挥失常，以三分之差与省级一等奖失之交臂，省队则更不可能进去了。经常有学弟学妹问我搞竞赛好不好，我只能说这个问题很难回答，因为竞赛的确对高考的学习有补充作用。但也正如我们班同学调侃的一句话："近塞(竞赛)之人，死者十之八九。"搞竞赛占用了大量课余时间，其投入产出不见得划算，所以竞赛有时也像是一场赌博。我们班上就有一位同学从高二开始就基本放弃高考复习，全身心投入竞赛，也的确下了很多工夫，却在最后省队选拔的时候发挥失常没有入选。此后便拼命想赶回高考复习的进度，甚至自己在家复习了大半年，然而高考的结果却并不理想。同时，是否适合搞竞赛、搞哪科竞赛是因人而异的。所以对待竞赛问题，请学弟学妹们务必慎重。

带着竞赛失利的阴影，我算是正式进入了高三。高三的学习任务本身就很繁重，再加上我因为竞赛缺了一个月的课，任务之重更是可想而知。但我还是耐下性子用一个月的时间把它们全部解决，并且感觉收获颇丰。正是因为这一个月的努力，在竞赛回来的第一次段考中我拿了年级第一。自此我明白了，高三的要诀就是不能浮躁，要虚心前行。有志者，事竟成，不管作业量有多大，只要努力总归是可以完成的。从现在的角度来看，一轮复习的确需要这样大量刷题，对于巩固基础有奇效。

这样刷作业的平淡日子过了两个月，一个意想不到的惊喜降临了。综合排名出来的前一天晚上，我还在和家人讨论实名推荐不可能拿到了，必须要去准备自主招生了。然而峰回路转，优异的综合排名帮助我拿到了校长实名推荐资格。后来我总结了一下，自己综合排名靠前的一个重要原因就是从高一到高三成绩一直很稳定，没有什么太大的波动，而这也与我一直没有放松，重视每一次考试有很大关系。我们学校采用的评价方法是计算每个学生从高一到高三所有考试的平均得分率，所以每次考试都很重要；即使评价方式有所不同，重视每一次考试也是学习态度的体现。所以我认为从高一开始就要对每一次考试提起重视，不能懈怠。另外，实名推荐考查的远远不止成绩，我参加的社团活动和业余爱好不少，模联的经历、平时的班级工作和音乐爱好都成为我的闪光点。

所以平时也不能只读书，要在保证成绩的前提下多参加各种活动，这将对综合素质的提高大有裨益。

拿到了推荐，我已经一只脚踏进了北大的门槛。由于成绩综合排名很靠前，我开始以更高的目标要求自己，每次考试都希望拿到年级前三，结果却不尽如人意，名次反而开始下滑。当时的心态也开始变得不稳定，每天晚上都因为焦虑而睡不着觉。这种情况一直持续到第二学期才开始改善，我渐渐调整好了自己的心态，成绩也不断回升。这段成绩下滑的经历让我明白，其实给自己的定位并不是那么重要，没必要每天纠结于自己“应该”在什么位置。只要脚踏实地、认真对待学习与考试，自然会有所收获。这也正应了一句话：成功者的内心永远是简单的。

终于到高考了，坐在考场里我十分淡定，像一场“四模”，而没有以往想象的悲壮。曾经被我们视为洪水猛兽的高考只在笔尖悄然划过，高考之后也没有想要疯玩的欲望，只有一种平静的解脱感。原本以为自己考得不错，但成绩出来时却惊讶地发现比自己的估分少了十分；原以为全省六十一名的成绩也足以达到北大录取分数线，然后用三十分专业加分进入光华管理学院，结果北大分数线在安徽奇高的事实也只能让我无可奈何。最后学校与北大协调把我录入元培学院，高考这一场轰轰烈烈跌宕起伏的大戏才终于落幕。不知道元培和光华的生活会有什么不同，也不知道如愿以偿进入光华的我和带着这段经历进入元培的我哪一个能走得更远，也许这种巧合与未知正是生命的精彩所在。不管是高考还是其他的事情，都是有偶然性的，结果不一定如你所愿，真正重要的是为之付出和努力的过程。我们尽全力去拼搏过、争取过，也从中获得了珍贵的人生感悟，这就够了。无论结果如何，只要奋斗过，没有遗憾，便是最好的。

这些就是我高中三年的心路历程和对刚刚过去的那段岁月的感悟，此外，我对学习还有一些自己的领悟与见解，在这里与大家一并分享。

在理科方面，对于数学和物理，高一、高二阶段主要侧重知识的掌握，不一定要做多难的题，也不要因为发现高考题不会做而丧失信心。在高三的一轮、二轮复习之后，会发现很多以前不会做的题其实都很简单，所以不必担心，但也不能因此松懈。如果是专注这两科竞赛，会发现竞赛对高考帮助较大，但占用的时间也相对很多，所以还要仔细斟酌。同时注意有的题目高考中不可能出现，所以没必要一味追求“超纲”的东西，稍微看一点就行了。对于化学和生物，细枝末节的东西比较多，知识相对较为零碎，所以有效的记忆很重要。试着找到适合自己的记忆方法，同时一定要注意课本上的表述，尽量与课本保持一致，尤其是生物学科更是如此。这两科的竞赛与高考关系相对较小，更加侧重知识的积累而非应用，所以不推荐为了提升高考加分而去搞这两科竞赛。

对于被理科生常年“轻视”的人文学科，我们班一位同学有句“名言”：“理科生打天下靠数学理综，坐稳天下靠语文英语。”经过三年学习，最后在稍高层次的学生中理科拉分的空间已经不大，这时候想要再进一步就要靠人文学科，所以对它们的学习也不能松懈。关于语文，高一、高二阶段要把字练好，同时可以背一些作文，提升文笔。一个很好的经验是每天做一篇大阅读，提升鉴赏能力。没必要过早接触答题技巧之类的东西，高一、高二阶段还是先把基础能力培养好。而且语文的学习一定要持之以恒，学习效果不会像数理化一样“立竿见影”，而是更为“潜移默化”，量的积累才会促成质的飞跃。我的语文一直不好,直到一模、二模还在105分左右徘徊,但我仍然坚持背优秀作文,做基础知识练习,一直没有放松。从三模开始我的语文成绩终于出现了突破性的提高,最后高考语文分数也相当理想。至于英语,2014年全国卷已经取消了单选,说明在以后英语语法可能会被适当淡化,对篇章的理解要求更高。在高一、高二阶段务必培养一定的语感,可以通过做完形阅读、看原版小说等达到这个目标。听力还是要经常听,可以试着随时随地创造英语环境,在各种环境中都能听懂英语,考场上才能游刃有余。

还有一点,我一直不认为高中阶段的唯一任务就是每天疯狂学习迎战高考。平时一定要多注意培养自己的综合素质,在保证成绩的前提下实现多方面发展。我的模联经历、音乐爱好等,不仅是我实名推荐时的闪光点,更让我学到了许多比成绩更重要的东西,比如沟通能力和语言表达能力等。同时这些课余活动也让我的高中生活变得丰富多彩,正如一句电影台词:"什么都略懂一点,生活会多彩一点。"既然是这样,那么时间的安排就显得尤为关键。为了有效地调节学习和课外活动,我们要尽量提高自己的学习效率,做到事半功倍,不以时间制胜,而以效率制胜。这里有几个方法可以尝试。第一,要树立强烈的目标意识。可以试着规划每一天的晚自习安排,做到对"要做什么"心中有数。我在高三时会规划每一天的学习任务,晚自习时将需要完成的练习写在一张便利贴上贴在桌角,然后逐项处理。第二,我强烈建议大家把自己的书分门别类整理好,放在固定的位置。高中参考书很多,找书是一件非常痛苦的事情,而且晚自习时看到一大堆乱糟糟的书和卷子也会严重影响心情。只有书不乱了,心才能静下来,学习效率也才能提高。第三，我不赞成熬夜学习，因为虽然学到一两点可能使你在一个晚上掌握更多知识，但晚睡会严重影响第二天上课的学习效率，而且长此以往对身体很不好，总的来说熬夜学习弊大于利。只有睡眠得到保证，效率才能提高。第四，高一高二是上新课的时期，这期间不能认为“还会再来一遍”就松懈下来，而应在高一开始就扎扎实实地学习。老师的课一定要认真听，以我个人的感受，错过的课程靠自学往往补不回来。可以试着准备一个本子，记一些典型的解题方法和常错的知识点，比如数学的缩放，物理的各种模型，或者是生物的一些重要表述。并不一定要记多少资料，紧跟老师的脚步才是最主要的。

最后说一下心态问题。首先要对自己有信心。高中各路大神齐聚，压力总会比较大，这时候不能认为“我永远成不了学霸”，要奋发向上，才能不断向前。很多人说“学霸的世界你不懂”，但上届拿到北大校长实名推荐资格的一位学姐却说：“别人都认为我们是大神，但在我们自己看来，也就是那么回事。”的确，所谓学霸的世界不神秘，“就是那么回事”，要相信自己一定可以到达。同时不要轻视任何一次考试，每次都积极地检测自己，遇到挫折也没有关系。一次考试的失利是警醒，而不是全面否定，要梳理自己错在哪里，争取下次不犯同样的错误。而且考试中存在运气因素，结果有不确定性，所以要对考试结果放宽心态。

以上就是我对于高中三年的总结和对于学习方法的概括。若是能让同学们有一些感触或是启发，将再好不过。

拾级而上，领略无限风光

姓　　名： 王梓晗

毕业中学： 新疆哈密地区二中

录取院系： 元培学院

我曾经跨过山和大海
也穿过人山人海
我曾经拥有着一切
转眼都飘散如烟
我曾经失落失望失掉所有方向
直到看见平凡才是唯一的答案

——《平凡之路》朴树

起

其实，在中考前我的高中学习就已经开始了。作为初中稳定的年级前三名，我放弃了保送哈密地区二中的名额，毅然选择了另一条道路：参加乌鲁木齐一中的考试，争取被分进理科特长班。其实，早在寒假时我就开始为考乌市一中做准备，但真正的选择是在“放弃免试入学资格承诺书”摆在我面前时才做出的，毕竟在我之前，我就读的初中没有放弃保送资格而选择中考的学生。2011 年的“五一”小长假，我参加了乌市一中组织的第一次摸底考试，考试的具体结果我至今不知，只是从招生老师的轻笑摇头中隐约明白了什么。“这个孩子性格太硬，不适合一中的生活和学习。”当初的断言，言犹在耳，我虽不服气，却万万没想到日后会被言中。然而，我以为，也正是这种“硬”让我在这平凡又不平凡的北大之路上，一路高歌，且行且吟。

参加中考，我不曾后悔，不仅因为我取得了全地区实考分第一的成绩，更因为这难得的“大考”经历，为我后来的无数次考试乃至高考，提供了强大的心理支持。

中考后，我没有放松，甚至没有多少喜悦，我只是每天坐在桌前与那本粉色的《一中理特班考试题集》“较劲”，把近五年的试题做了一遍又一遍，烦躁时甚至撕了书泪流满面，也只能再默默捡回来。功夫不负有心人，在之后的两次考试中，我的成绩一跃进入前十，高分入围，令当时的招生老师刮目相看。当我挤在乌市一中门口的人群中看着理特班红榜上自己的名字时，我一度以为，自己已经走上了一条非凡之路。

我必须承认，进入高中后最初的半学期，我为这所被称作“西北第一校”“清北预科”的高中深深折服。我们的校长助理曾说过：“如果你穿着一中的校服，去外面走一圈回来，抖落的将会是行人羡慕的眼光。”对此，我深以为然：初次离家住校，毫无束缚的学习生活、丰富多彩的社团活动、超前的教学理念、风度翩翩的老师和一群学神般的同学都让我觉得自己进入了天堂。我很快加入了国学社并担任了社长，报名参加了信息学、化学和生物的竞赛培训，竞选了学生会职务，也在第一个期中考试中取得了不错的成绩，一切好像在云端漫步。

生活在云端的人，总是会摔得很惨。元旦临近，作为班长的我一心想要在合唱比赛中一鸣惊人，便把所有的精力都投入到了排练当中：从选歌到编写声部，再到撰写朗诵词和服装、化妆，无不亲力亲为，还从家里带去了电子琴，亲自担任伴奏。我忙得每天只吃一顿饭，却忘了自己作为学生的本职——学习。天道酬勤果然不假，我所在的班级取得了合唱比赛的一等奖，而我的期末成绩却落到了班级末尾，摇摇欲坠，甚至险些“滚动”出理科特长班。

承

高考后回首我的高一下学期和高二上学期，最恰当的四个字大概是“浑浑噩噩”。我唯一清楚的是，我和我身边的同学不一样。

我的数学老师曾找我谈话，面对四五十分的数学成绩，她恨铁不成钢、口不择言地说：“你一个理特班的学生，去当国学社的社长，你脑子没病吧?!”我只是无奈地笑笑，顾左右而言他。诚然，我还做了许多“脑子有病”的事：买了王安忆的《长恨歌》在睡前读，每周听一次国学社讲座，时不时练几张字，弹一弹吉他，坚持上每一节体育课，每一节学霸都在刷题的体育课。

我和我身边的一些同学不一样，他们能在运动会上把已经报名的项目置之不理，窝进竞赛教室刻苦钻研，而我不能；我会和室友两个人画完一整张板报，而他们不会；当班里收取补课费发现正好有一个人没交但又查不出是谁的时候，我说服自己是我收齐了以后有整有零地刚好丢了126.8元，然后省下几个月的早餐钱补上，而我的同学只笑我傻……

当时，我的成绩在中等和差等之间徘徊。竞赛课我早已退出，唯有国学社招新破百，运动会圆满成功这样的消息还能证明我的存在不是一个彻头彻尾的笑话。那时我总在放学后去操场上跑步，有时有一两个好友相伴，有时只是孤身一人。那时，我曾写下这样的歌：

我不曾想　现在的我　竟然会这样
实现了梦想　却比从前　更彷徨
夕阳下　我徜徉在　无人的球场
寻找那些　失落何处的　模样
一年一年慢慢地成长
一点一点积累的迷茫
纸上的几何图形该如何解析

青春要去向何方……

高一那年暑假，顶着名次再次倒数的压力，我把二十天的短暂暑假分出了十天，参加了“高专委”举办的感受爨文化国学夏令营。当我独自踏上赴滇的航班时，对这次旅行的定位只是放松，并不曾想到这将是我高中生活中浓墨重彩的一笔。在夏令营中，我有幸聆听了钱逊等老先生的国学讲座，和各地的青少年国学爱好者一起诵读经典，畅谈人生。不会忘记，我们在曲靖的小广场边冒着大雨买花送给路边的流浪歌手；不会忘记，我们在宾馆里东倒西歪地等待伦敦奥运开幕式的直播；不会忘记，我们在昆明的金殿山上潜心膜拜，静心感悟；不会忘记，我们在大巴车上互相学习方言，欢笑连连。我在异乡和一群陌生人中找到了强烈的归属感，也开始坚信自己并不是异类，有一群和我一样的人，散落在全国各地，总有一天我们终会重聚。（后来我果然在北大元培学院遇到了当时的营友白菊、祁箫，感谢命运！）

夏令营结束后，我怀着弥补的心思拼命做数学题，每天从早到晚地坐在桌前，十天时间，攒下了大约二百多道大题，最复杂的一道圆锥曲线题目的演算过程都有满满两页。这二百多道题目的效用虽然在一年后才显现，却佐证了厚积薄发的朴素哲理。也许学习存在捷径，但不可置疑，勤奋永远是通往非凡的天梯！

转

从夏令营回来，我被同学称为“文艺理科女”，这虽然并不算一种称赞，却恰如其分，因为我总能在文学、在历史、在艺术中找到在学习数理化时无法找到的快乐。虽如此，那时我依然没有动过转科的念头，我只是想通过后两年的努力，争取考入南开大学。

高二上学期的期中考试，是我在乌市一中的最后一次考试（如果不算北大自主招生面试），我同样至今也不知道成绩。考完后，我被叫去帮政治老师改卷。我虽称得上“文艺”，但对当时课内的政史地内容实在没什么兴趣，连教材都丢得不见踪迹。然而那一次，我的政治成绩是93分，超过了我日夜辛苦刷题的数理化，在班里排到了前三。也许是天赋，也许仅仅是运气，至少在当时，这个分数在我心里掀起了轩然大波。我回想起幼时自己似懂非懂地读着历史故事、格林童话；回想起少年时自己饶有兴味地临摹着《兰亭集序》，学唱着地方戏曲；回想起长大后拿着妈妈备课案头的长篇小说，读得泪流满面；回想起在国学夏令营中相见恨晚的各地文科好友……似乎有一个声音在对我说：“文科才是你的世界，你该回去了，该回去了。”

于是我打电话给妈妈：“我要读文科！我要回哈密二中！”故乡的高中以文科著称，被称作有“状元土”的学校。写到这里，我仍感激当初妈妈的回答：“好，你去买车票，我去和学校联系！”我庆幸妈妈没有告诉我：“自己选择的路，跪着也要走完。”她只是说：“所有的选择，都是当时最好的选择。”是了，这就是我的妈妈给我的教育，润物细无声。对我的成长与选择，她只有引导、建议、尊重和支持，从没有专断、拒绝、否定或阻挠。不论我的老师向她表扬我如何优秀，还是指责我劣迹斑斑，她永远淡然地回答：“我的女儿，我知道。”于我而言，妈妈对我的理解与信任，就是我平凡之路上最美的花香。而不辜负这份信任，便是我由平凡走向非凡的不竭动力。

转学回到哈密二中，学校领导将我直接插入文科“零班”学习。我归来的消息一时之间成为许多同学茶余饭后的话题。“她啊，就是当年那个不来二中非要去乌市一中的嘛，怎么样，现在还不是待不下去又回来了。”“她凭什么进零班啊?”这样的话不止一次地掠过我的耳畔,我却无暇顾及。初来乍到,我要做的事情、要学的东西太多太多。母亲还在乌市为我的转学手续奔忙;哈密二中的老师们已经将我完全当成了自己的学生,单独约谈、义务补课,无不在我的心里激起温暖的涟漪。在这样的情况下,我有什么精力去反驳同学的轻蔑与质疑?有什么理由不加倍努力以求不辜负老师和妈妈的努力?

由理转文,数学由弱项成为强项,也是唯一的强项。还有些记忆,像是梦魇:中考作文满分,自诩爱好文学的我,在一次作文测试中盯着题目《生无所息》呆坐了四十五分钟,竟写不出一字,最后只好拿起作文纸默默走进老师办公室;地理课上我看着老师指点江山我却如坠云雾,一年多的疏离让地理成为我眼中拦路的恶魔;翻开历史作业,面对简答题左思右想却不知如何下笔……这一切都在告诉我,我的文科之路还有很长,我离梦想还有很远,我已被昔日的“战友”远远甩在身后。好在,乌市一中的经历锻造出我良好的心态,我安慰自己说,只要期末没有“滚动”出去,我就是胜利者,毕竟我只学了同学们四分之一的课程。话虽如此,我却丝毫不敢懈怠。那时我每天放学都找老师补习政史地的必修内容,晚上十一点回到家中才开始写作业,有时到了凌晨两三点实在瞌睡,便伏在桌上睡着了,到早上五点再爬起来继续写。每个课间我都穿梭在老师的办公室里提问求教,为了省下上厕所的时间我一连几个小时不喝水。我想那大概是我学习生涯迄今为止最刻苦的时候,没有之一。我唯一的信念是,不能“滚动”出零班,不能让学校后悔收下我。

期末考试后,我有些怅然,似乎除了数学还不错,其他科目都不太理想。但我又很快释然：没关系，就算“滚动”出去了，我至少已经尽了全力，至少没有辜负我自己。选择文科，我不后悔。考试的成绩像一个奇迹。如我所料，政史地的排名都在班级中等偏后，数学以148的高分荣登榜首，而语文、英语却意外地位居年级前五，总分排在年级第四！至此，我终于更加坚定地相信：我的选择，没有错！

之后的一学期，我找到了一种松紧适度的状态，一切都按部就班。直到传说中的庞然大物缓缓将阴影投向我们——高三，它要来了！

合

在写这篇征文时，我反复地读了贺舒婷的《你凭什么上北大》和林丽渊的《我们都不是神的孩子》，因此，当我即将开始抒写我的高三生涯时，我感到些许惭愧，又感到些许骄傲。

惭愧的是，在我的高三记忆里，很难找到那样努力得令人动容的片段。我不曾把几本历史书翻来覆去地背七遍，也不曾攒下几书架的笔记和套卷，更没有从早上六点到第二天凌晨枯坐桌前拼命刷题的经历。我敬佩那样的他们，如果回忆高中生涯，我有过一丝悔恨，那悔恨一定不是因为我最初选择了“歧路”，而是在我最该努力的时候，并没有那么努力。我只是每天晚上十二点睡觉早上六点起床，尽管班主任老师每天都咆哮着：“一点前睡觉的人你的高考就是个死！”我只是从高二暑假开始就还算认真地完成着老师们布置的作业，偶尔也偷个小懒。我有时甚至会在课堂上犯困，然后被老师的板擦击中，勒令站起来清醒一下。我按照老师的要求认认真真背了政治的四本必修，不过背完第一轮我就开始找各种理由搪塞，毫无再重复一次的兴趣与毅力。相比之下，我对待历史略为慷慨，背了一遍专题史，背了一遍通史，又单独背了一遍大事年表。最过分的是我很少记笔记，没有专门的笔记本，更没有被无数人推崇备至的错题集。直到高考前的最后一天，我的英语老师还追着问我："王梓晗你什么时候把最后两个单元的单词给我过完？"当然，我也并不是完全不努力。在复习的后期，数学老师发的所有试卷，不管要求做哪些题，我都会全部完成，每周还额外问老师多要一套试卷。我认为，在当前高考的形势下，对做过的题目归类、总结、分析的效果，并不如多见新题、拓宽思路。

令我骄傲的是，在如台风过境的高三，我一如既往地保持着对生活的热爱和轻松的心态。几乎每次大考后我都会和爸爸妈妈去看一场电影，这一年的佳片我几乎一部也没有错过。高三一年我读完了家里的四卷《王朔全集》、铁凝的《大浴女》、迟子建的《黄鸡白酒》、莫言的《天堂蒜薹之歌》。我是从语文试卷上的人物传记阅读中认识这些作家的，又是在阅读这些作家的作品中提高了理解能力和语文素养，乃至丰富了人生阅历。也是在历史试卷的材料题上，我读到了一些著作的片段，便立刻网购，抽空阅读。《史记》《全球通史》《旧制度与大革命》《国破山河在》都是我枕边的常客。我还会在周末时抱起吉他或打开电子琴，玩闹似地弹上一曲，试着编配最近流行的新歌。我依然坚持着上体育课的习惯，直到高考前最后一周的体育课。三模前一晚，我更是在听相声和京韵大鼓中度过。电影、阅读、音乐、运动、传统曲艺，这些看似与高三毫不相干的娱乐活动，拓宽了我的视野，延伸了我的思维，放松了我紧张的神经，也孕育了我作为文科生应有的人文情怀。可以说，是这样非凡的高三经历，铺就了我的平凡之路：我在自治区一模二模中连续考取年级第一，尤其是二模比年级第二名高出了43分；在北大自主招生的笔试题目中我遇到了曲艺界的“春典”，而面试时对传统文化的理解感悟更是帮了我大忙；高考在我眼中不过是一次“四模”，我完全没有大战在即的心惊胆战、焦虑失眠，反而淡然豁达一夜好眠。

坦诚地说，北大并不是我一直的目标。关于梦想，我没有一个坚持不懈、披荆斩棘的励志故事。我更喜欢这样一句话：梦想选择了我。我转回哈密二中学文科时的目标是中国传媒大学；考到年级前十后，我的目标是人民大学；高三伊始，我想如果我发挥好也许能考进北大历史系；参加自主招生拿到30分后，我才感觉到未名湖真的离我很近了，我才开始相信我是适合北大的。高考查分得知自己是全疆文科实考分状元，我才敢争取心仪已久的元培。随着心态的变化、眼界的变化，目标也在不断地进行调节，也许这样的方式更适合我。在追梦的平凡之路上，我不怕走弯路，因为我知道世界上没有白走的弯路。我在平凡之路上邂逅我的梦想，邂逅我的未名湖，邂逅我的元培。

每一条路都通向平凡，敢走弯路，爱看风景，且歌且行，我拾级而上，领略无限风光！

小忆

姓　　名： 徐莞悦

毕业中学： 河南省平顶山市第一中学

录取院系： 数学科学学院

从高考的结果来看，我这么多年的学习还算小有收获，可静下心来回顾的时候，又觉得自己高中这几年还是走了不少弯路，难免稍有遗憾。现在，我把这些感受和经验总结下来写下这篇文章。

端正态度

1. 高三的迷失

高二的时候，老师让我们谈谈自己理想的大学和专业，我毫不犹豫地确定为北大数学科学学院。可实际上内心深处想的却是上个重点本科就满足了。如今看来，居然就这样浑浑噩噩度过了本该是激情岁月的高三，真是有些虚度青春。所以在学习上，要做一个有追求的人，有了追求才不会止步不前。这个追求不单单是说我将来要怎么样，要考什么样的大学，做什么工作，因为这些追求过于长远而难以起到现实的激励作用。更实用的追求，是马上能实现并可以带来成就感的追求。比如完成某个任务，达到什么分数；又比如超过某个人等。当然，直接把上北大作为目标也不是不可以，只不过对我个人而言，需要的是特别实在的目标。

相比高中而言，我在初中的学习更出色。因为刚上初中时，我的成绩虽然不错，但不算拔尖，之后在赶超的过程中养成了一些好习惯，也进步不少，直到考到第一。而到高中后，因为开始时侥幸考了几次第一，就不再追求上进，对自己的要求也渐渐放松。所以我觉得考第一也不见得是什么好事。当有人比你更厉害时，看似不顺心，却能激发斗志，你只需要跟随他，然后超过他。可是到暂时处于领先状态时，想再进步就比较艰难了，因为要超越的是自己。而当你总是领先别人时，很容易忘了别人有多厉害。这时候就要自己给自己设定目标，比如在每一科上要取得怎样的进步。

不过，若是我能修到上乘境界，估计就不再有上面的烦恼了（个人难以企及）。霍元甲说过：比武的目的不是分出胜负，而是通过比武认识自己。同样，考试的目的不是为了和他人较量，而是为了认识自己。如果你通过考试看清了自己，认识了自己，当然也就能更好地修炼自己，克服弱点，日臻完美。

2. 不要依赖答案

我在高二的时候，因为觉得做出来一道解析几何题太难，也太浪费时间，于是错误地选择了直接看答案这种做法。遇见难题的第一反应不是静下心来仔细分析，寻找突破口，而是想反正自己做不出来，看看答案是怎么做的。可是学习没有什么捷径，看似在一道题上用的时间少了，做了更多的题，然而除了凭记忆外很难独立解决题目，遇见新题只会慌神。到了考试的时候，更是六神无主，大脑像是被灌了糨糊一般理不出头绪。更糟糕的是，没有了茅塞顿开的惊喜，学习就变得毫无趣味可言；习惯了依赖答案，自信也慢慢丧失。于是我想改变这一切，想像过去一样迎难而上，但是已经很难了，逃避已经成为习惯。直到后来下定了决心，有意识地避开答案。一开始还总是忍不住，想一会就没了耐心。做出几道题之后渐渐开了窍，觉得自己也是可以解决这些问题的，才又恢复了独立做题的习惯。说实话，看答案久了就会成瘾，而且也不好戒。所以最好一开始就不要依赖答案，养成独立做题的习惯。毕竟，平时我们逃避了，还有参考答案可以依赖，但当我们独自坐在考场上时，就只有靠自己了。何况课堂和书本已经把基础的知识和方法交给了我们，我们也已经具备了解决这些问题的能力。只要略加思考，就会融会贯通，学以致用，还能体会到创新的快感。

3. 批判性思维

伴随独立思考而来的是另一个问题：批判性思维。我们课本上常常写着，取其精华，弃其糟粕；但在实际上课时，我们却总是毫无保留地接受课本上的一切。有疑问时，会有人告诉你，实在搞不懂没有关系，记住就OK了。否定时，会有人告诉你，课本上怎么说就怎么理解。我记得小时候常常是初生牛犊不怕虎，甚至不尊敬师长。老师还在讲，自己就会在心里嘀咕这老师教得怎么这么不严谨啊，你看，他这儿说错了，那儿又在说废话，有时候甚至当堂让老师下不来台。现在收敛了很多，但我发现自己的质疑能力也急速下降，别人说什么就信什么。很少能发现问题，提出疑问，也很少发表自己的见解。读书时也总是全盘接受，很少会去想书中的内容是否正确。就这样，从敏感到迟钝，智商也越来越低。我常常怀疑，长此以往，当我们再次面对铺天盖地的信息时，会不会也像面对课本一样，变成愚昧的文明人，变得易于受骗、缺乏常识呢？所以，独立思考不仅是为了提高解决问题的能力，也是为了提高自己的判断能力。

4. 基础知识比练习更重要

基础知识就像一棵大树的根本，所谓练习是为了添枝加叶。根深则叶茂，基础打牢之后，稍做练习，即可灵活运用。相反地，如果不顾基础，再多的练习也是枉然。而打牢基础最简单也是最有效的方法，就是重视课堂和书本。这两个在学习过程中是最常见、最基础的。虽然课本涵盖的内容不如辅导书那样详细实用，但当你认真看课本后，就会惊奇地发现，一切尽在课本中。那些直接把辅导书当作学习主线的做法是不足取的。辅导书再怎么好，不过是课本的注释，总归比不上“原著”。就像读再多唐诗的解析，不如直接品味唐诗更让人受益。课堂也是一样，认认真真听一堂课的收获，是课下再怎么补习也无法得到的。课堂上不仅可以解惑，有时还能纠正长久以来的错误观念。如果把课堂和书本利用好，自然能取得一个不错的进步。当我刚进入高中的时候英语不是很好，也没有额外补习，只是按照老师的要求认真去做，仔细听课、背课文，渐渐地也有了提高。按理说英语课讲的不过是词组和句型，其中大部分考试也用不到，并不如多做些题来得实惠。但有了一定的基础知识，水平也有提高，分数自然也就上去了。其他科目也是这样。基础知识也许无法直接带来分数的提高，但它在为你能力的提升做一点一滴的积累。就像习武之人，练招式、套路固然好看，不过是花拳绣腿；而有了内功，则可以让简单的招式焕发魔力。

注意事项

1. 持之以恒

做事情能不能有收获，很大程度上是由能不能坚持决定的。尤其是弥补弱势学科的任务，并不是一天两天就能完成的。高二的时候我的语文不好，总是要排在年级几百名。于是妈妈帮我找了个语文老师一个模块一个模块地补习。虽然我很努力，但分数却依旧没有提高。好在付出就有回报，就在我不再指望语文能考好时，质变终于还是发生了。从一次小爆发开始，慢慢稳定下来。所以哪怕任务艰巨到你自己都不相信能完成，只需要坚持下去，一定会等到成功的一天。至于方法，倒要放在第二位。再好的方法，没有日积月累的坚持，也难以见效。而一些小的举措，坚持下去，总有发挥奇效的一天。比如错题本，如果每天整理一两道或是每周整理一次，工作量并不大，可是长期积累下来，效果就会很明显。

渐渐地，这种坚持会成为一种习惯，让人踏实、安心。

3. 做一个高效率的人

高三常常会有限时训练，你会发现这个时候做题速度不知不觉就会提高。这说明，平时你并不像自己想象的那么高效，平时也完全可以更高效。高效不仅可以节省时间，更重要的是可以帮我们培养专注的习惯。给自己限时是提高效率的好方法。原来用 30 分钟完成的任务，现在尝试用 20 分钟去完成。一开始做不完没关系，关键是长期练习，就会提高自己的效率。我记得高一早读除了要看英语、语文外，还要背政史地，所以总是给自己安排得满满当当的。刚开始还完成得不好，后来不但可以完成，做的事也越来越多。于是我开始变得自信满满，觉得没什么是自己做不到的。除此之外，还要提前做好安排，当一节自习课开始时，首先要想好这节课自己要做什么，想好后再去做，就会全神贯注。如果漫无目的，那么也会降低专注程度，导致效率低下。

3. 朋友

高中的生活虽然略显枯燥，却因朋友的陪伴而变得轻松有趣。在学习上，你会因看到他们努力的背影而倍受鼓舞，也能从他们的学习方法中获得启发。而另一方面，在受到挫折、遇到困难时，一想到会有同学和你一同分担，他们会鼓励、安慰自己，心里就会轻松不少。高三时我有一段时间状态不佳，回到宿舍时我的室友就会帮我分析问题，给我加油打气。那时候真觉得宿舍就是个温暖的家。尤其是经过高三一年，我感到我和我的朋友就像战友、亲人一样，可以彼此信任、彼此支持，还有了心照不宣的默契。

让生活多彩

1. 保持好奇

作为县级城市的学生，由于教育资源有限，培养兴趣爱好、拓宽知识面的机会自然无法与一二线城市的学生相比。每次去旅游到一些大城市时，我看到那里的科技馆、博物馆就羡慕不已，尤其是看到当地小学生在老师的带领下参观的时候，更能感受到这种差距。幸运的是，我们有书为伴，书为我们打开了一个更广阔的世界；我们又有网络，可以了解我们想知道的任何知识，这更是给了我们“穷乡僻壤”的人一个平等的机会。可是话说回来，面对厚厚的百科全书时，真正能读下去的又有几人呢？上网的时候，真正不以娱乐为主的又有几人呢？我们能做到的，就是保持一颗好奇心。当我们刚来到这个世界时，不是一无所知，对什么都感到好奇，什么都想去听、去看、去感受吗？可是随着我们渐渐长大，就觉得周围的一切都是理所当然的，我们不再惊奇，很少好奇，对新的变化不屑一顾。这对日常生活可能并无影响，但减少的是我们求知的欲望；这让我们不再敏感，甚至变得无聊。乔布斯说“Stay foolish, stay hungry.”唯有这样，我们才会主动去翻开书本，静下心来发现里面的奥妙。尤其是名著类和科学类的严肃文学，它们或许没有杂志、流行小说那么合人口味，但更能让人受益。通过作者的描述，我们或了解一段历史，或体验一种情感，或进入一个奇幻的世界。开卷有益，从感兴趣的开始，多有涉猎，既是课余生活的好消遣，又对我们的发展有益。

2. 摆脱惯性

牛顿所指的惯性是物体不愿意改变自己原有的运动状态。对人来说，则是不想改变现有的生活状态。当我还是幼儿的时候，眷恋于母亲温暖的怀抱；长大后，又眷恋于熟悉的生活、熟悉的人。如果没有外力，比如年龄的增长、环境的变化，我甚至不愿意做一丝一毫的改变，因为这样的生活小窝温暖舒适。就这样，我拒绝穿牛仔、拒绝学游泳、拒绝坐飞机。直到有一天我认识到，少了这些体验我的生活就不会丰富多彩。我想我没能做出尝试，有可能是因为我学习不错，所以做什么都想做得像学习一样好。怕自己做得糟糕，就干脆不做。呵呵，当时的我逃避得可是真够彻底。不过这种紧紧把自己包裹起来的行为真是有害无益，只可惜我现在才意识到。其实嘛，做得怎么样没那么重要，关键是认真去做，享受快乐，That's enough!

结语

上面的文字只是我个人的一些体会，既是给学弟学妹的一些参考，也是对我自身的一个警醒。过去的错误无法补救，我们能做的只有珍惜现在，创造明天。

我是这样学的

姓　　名： 许心怡

毕业中学： 中国人民大学附属中学

录取院系： 光华管理学院

获奖情况： 北京市三好学生

当高考结束，手中踏踏实实地拿到录取通知书时，我才恍然发现自己已经可以以一种“过来人”的淡然心态谈论高考。不再抱怨，不再斥责，而是异常冷静到近乎“事外人”的眼光看我这十二年的学习之路。

我想说我过的日子其实真的很轻松，我并不是一个学霸，我的“5·3”到现在都没写完，我也没有成堆成套的练习册。但允许我有些“自负”地说，我绝对是个好学生，是个好朋友，是个认真的人，是个有自制力的人，是个乐观的人。这听起来可能有些搞笑，这样就能考上北大？

我想说：是的。

有些人可能很聪明，他们凭着自己过人的智商，在小学甚至在初中，完全“辗压”其他人。不学习，不写作业，把老师的话当作耳旁风，随便玩玩都能考个前几名。但这样在高中是行不通的，高中所学的课业内容并不是靠这种小聪明就可以的（当然你要是自认为有高斯、爱因斯坦那样的IQ，我也无话可说）。

我有一个高中的同班同学（此处名字省去，但并非杜撰出的人物）真的十分聪明，她在高一、高二时从来没交过作业，但就这样她的物理成绩能一直保持全班前五名。高三刚开学时，老师让大家将自己未来想上的大学写下来，以明确目标并激励自己。她写的是清华大学。可能是真的被激励到了，她在高三上学期的期中考试之前一个半月开始努力学习（她开始写作业了），最终在期中时考了全班前五名，并获得了参加清华自招校荐的机会。可是因为她的基础太过薄弱（因为从未写过基础的作业），最终与清华失之交臂。而我这个认真写作业的“好学生”却有幸上了北大。

其实这个“好学生”并不是单指好好完成所有老师要求的作业

（在高三下学期可以有个性、有选择地完成，因为这时需要的是自己的查漏补缺，而老师布置的作业往往是照顾全体同学的，这个在下文会详细提及），更是要听老师的话。很多人对此很反感，宁愿多做几套题，或者学学其他人的学习方法，也不愿多听老师唠叨。既然如此，我便总结几条老师的话，冒昧地作为自己的学习方法共享一下。

TIP1：做计划

如果说高三是一台精密的仪器，那么这台仪器的运转不光需要老师们在讲台上挥汗如雨地讲课和同学们没日没夜地学习，更重要的，还有高三复习计划的制订、资料和用具的筹备、心态的调整、饮食起居和作息的稳定等。只有考虑清楚每一个细节，才能在高考复习中取得决定性的胜利；也正是对高考复习过程中细节的面面俱到和精益求精，让许许多多原本并不优秀的同学最终走进了理想的大学。

高三，拼的就是每个人的学习效率在总时间上的积分，因而不要盲目地追求每天比别人多学几个小时，而是在见缝插针地把零碎的时间利用上的同时保证自己的学习效率。

——摘自高三初某家长信

对于做计划，我在平时上学时并不喜欢做一张大表，把所有事件分得清清楚楚，因为这样反而不易完成。我习惯拿一张小卡片，早上七点到班里之后先花五分钟把今天要做的功课一条条写在上面，然后把这张卡片立在桌子上，做完一项就划掉一项。在一天之中，如果有了额外的功课要做，就再补充上去。这样在零碎的时间里随时提醒自己还有哪些事情没做，然后选择一件适合现在做的，就避免了浪费时间。这样一天下来，看着卡片上黑压压全都是划掉的功课，就会非常有成就感，给高三生活增几分色彩，也使自己心情格外愉悦。

而在寒暑假、五一劳动节或者国庆节这样有整块空闲时间的假期，我就会做张表格，把时间规划得与平时上课无二。一侧写时间，另一侧不仅要写在本时间段学习的科目，更要精细到学什么。以语文为例，这段时间是要看古文，还是做语文基础练习，还是积累作文素材等。规划得越详细，实施性就越强。在规划的过程中，还能深入思考，找寻自己每门科目的薄弱处。

TIP2：多读书

1. 读教材

高考题是根据考试大纲出的，而考试大纲是根据教材定的。因此，对教材的熟悉就显得尤为重要。同时，这是一个梳理我们知识漏洞和建立知识网络的好机会，也是复习过程中老师不会特意监督的环节。

——摘自高二末某老师发的文章

对于理科而言，我觉得在生物这门学科上体现得最为明显。生物的很多考点就是出自书上，如果通过看辅导书来复习，会不全面；如果通过做题来巩固，则效率过低；这时，读教材复习的强大优势就突显出来了。我认为在整个高三阶段，最好能把生物教材细细地、有计划地读五遍，实在觉得没空也应该读个两三遍。至于文科的各个科目，我认为就更应该多读了(这只是我作为一个理科生的小小看法)。

2. 读课外书,多积累

很多东西是需要长时间的积累的,包括语文的字词、成语、作家作品,最重要的还有作文素材;英语的词汇、短语和好句子;数学和综合科目的错题和经典题。这些东西各自的积累方法便不在此多提,只是要提醒一句:积累工作越早着手越好,做好积累方面的量变,才能实现考场上的质变。

此外,多读书还对于参加大学自主招生的同学有额外的好处,丰富的知识量会将你和其他同学区分开来,只有内里有了底蕴,才能在面对面试老师时侃侃而谈。

TIP3: 提高弱势科目更重要

就像木桶效应(短板效应)说的那样,一只木桶能盛多少水,并不取决于最长的那块木板,而是取决于最短的那块木板;而一个学生的成绩、排名也往往取决于他的弱势科目。就像我的数学成绩不错,150 分能拿 140~145 分,但是无论我怎么努力,我的进步空间也只有不到 10 分,与其他优秀的学生差距也不会很大。在高三刚开学时,我的语文成绩很糟糕,这一科能与一些语文大神拉开 10 分乃至 20 分的差距。所以整个高三期间,我在语文上下的工夫最多。如果每次大考结束之后用比较排名的办法发现短板,然后再细分这一科目中自己不擅长的知识和题型,加以专攻,并持之以恒,就能有所提高。其中持之以恒很重要,因为短板常常是自己不擅长、不喜欢甚至不开窍的科目,想要有所进步就格外困难,就像我的语文中古文那部分,做了很多的积累和整理,才有了比较明显和稳定的提升。

TIP4：端正态度，卸下包袱

高考是人生道路上的一个重要的转折点，是高中生最终走向成年的标志，以前生活中的很多事情，我们可以和家长、老师、朋友一起面对，很多困难我们可以和他们一同去克服。然而在高考考场上，我们只能靠我们自己，我们必须独自面对。经历高三的过程，也是我们走向成熟的过程。因此，我们没有理由不在自己未成年生活的最后，也是最重要的一件大事中竭尽全力，以求不留遗憾！

——摘自往届一位优秀毕业生给新高三同学的暑假学习建议

这是我刚上高三时看见的一段话，这段话曾鼓舞和激励了我。写在这里与学弟学妹们共勉。

同学之间，一定要互相帮助。我经常被老师邀请到讲台上给同学讲题，有些人可能认为这有些浪费时间，其实则不然。为了给其他人把题讲明白，我不仅自己要懂，同时要更深入地去想每一步与每一步之间的关系，这会使得自己能挖掘出题目深层的含义，也就是最本质的东西——考的知识点，从而更有利于自己进行举一反三。

再者我要说，一定要有几个好朋友，可以和你相互促进地学习，起到督促、带动的作用。高三这一年非常累，压力大，每个人都会出现不止一次的情绪波动。在这样"非人"的状态里，有几个可以倾诉、愿意倾听的朋友非常重要。我有幸在高三的时候有三个非常好的朋友，我们每天一起列计划、计时做功课，互相帮忙解决不会的问题，在吃饭或是回家路上互相考知识点。当有一个人情绪波动或状态不佳时，我们四个人就抽出半个小时时间，跑到教学楼七层的角落里，坐在地上，聊天开导。高三每个人都在拼命学习，排名能出现大幅度的提高，无疑是团体的力量。我们班主任说过一句话，当时觉得矫情，现在想来特别对，他说：一个人能走得快，一群人才能走得远。

在这看似枯燥的高中三年里，挚友带来的不仅是学习上的帮助，更是心灵上的愉悦，使我的学习时光变得轻松许多，却又高效不少。

至于认真和有自制力这两点，我认为这是听起来最容易，做起来却是最难的，但这也是最重要的。

在我看来，决定学习成绩的并不是学习的总时间，而是有效学习的时间。打个比方，如果一个人给自己制订的学习计划是从九点到十一点两个小时，可是在执行时，隔五到十分钟就要停下来喝个水、聊个天、玩个手机。虽然刨去休息时间也有实打实一个多小时的学习时间，但在我看来还不如认认真真地学一个小时，然后再痛痛快快地玩一个小时。因为这认真的一个小时学习的作用要远高于心不在焉的两个小时。于我自己而言，能完全静心学习、不分神也就四十多分钟，所以自己在制订学习计划时便按照学校的四十五分钟的课堂，十分钟的休息。

以上说的是认真，接着即是自制力。我们经常制订了一个非常周密的学习计划，可是却发现一个寒假或暑假过去，几乎没有按照计划去完成。其实在高一、高二的时候我也有时会这样，于是在高二暑假的时候，我便想了一个办法，在征询母亲的意见之后，我们达成共识——如果一整天都能按照计划实施，在睡觉前可以上四十分钟到一个小时的网，这样就激励我必须要控制住自己，以求得到那一点小小的上网福利。

所以我也推荐各位在养成好习惯之前，为自己设立一点小小的彩头，也让自己更有拼劲。

TIP5：要有乐观的心态

高三的一年是最考验我们的心理承受能力和抗压能力的一年，因此进入高三首先要做的就是调整心态。在枯燥的学习中要有“哄自己开心”的觉悟，根据自身情况决定“先复习最喜欢的科目”或“先解决最不喜欢的科目”，在基本完成任务的前提下根据自己的学习状态调整休息时间。另外一个可以解决心态问题，使自己保持好心情的学习途径便是分数的稳步提高。我高三以来的好心态很大程度上来自于我十四次月考成绩的稳步提高，在年级中的排名虽然前进缓慢，但一直在前进。

我们要坚信自己是可以的！

坚持，在每个日日夜夜

姓　　名：杨可静

毕业中学：广西南宁市第三中学

录取院系：信息科学技术学院

获奖情况：南宁市优秀共青团员

拿到录取通知书的那一刻，我长长地舒了一口气，忍不住笑着喟叹：无愧我三年的努力，终于踏进了梦想的北大。想起一千多个日日夜夜的欢笑与眼泪，在回忆的光彩里，熠熠生辉。在追逐的道路上，没有终点也无所谓成功，唯有我走过的每一步印证着那些不负青春的努力，而坚持则是圆梦的唯一捷径。在这里，我把所有的喜悦和幸福珍藏，把所有的辛劳和泪水打包，将三年高中的经验和感悟记录下来，与大家分享。

或许你有过这样的挣扎，一边是学科竞赛的巨大压力，一边是高考带来的沉重感。作为一个学习物理竞赛的理科生，在别的同学出游、聚会的暑假，泡在题海里已是家常便饭。依旧记得空荡荡的教室只有几个与我“同病相怜”的朋友，南国的夏天在灯下嗡嗡作响的飞虫，习题和试卷堆得高高的，白纸黑字在惺忪睡眼中一片模糊……竞赛是一条注定艰辛的历程，多少个思绪万千的夜晚都曾对自己说：“放弃吧！”可一旦放弃，就会失去一切，再回想时，又怎么能心安地说没有辜负自己？我必须承认，在理科的学习中天赋是一个很难被忽视的因素。我有时候会抱怨：为什么自己思考很久也难以解答的东西，有的同学却能轻轻松松地参透？想起高考冲刺阶段一个朋友在黑板上写的：在甘心之前，用时间换天分，用坚持换机遇。塞上耳机，让音乐给予自己前行的力量；翻出朋友寄来的信和明信片，一句句加油就能让你破涕为笑。况且，还有这些一起努力着的伙伴，还有那些笃定相信你很棒的老师。就这样，一次又一次，虽然动摇但最终还是咬着牙熬过来了。或许坚持到底并不能保证有你所期待的奖状和荣誉，可这些并不是学习竞赛的终极目标。曾经在一本书中看到这样的句子：念书是念书的回报，努力是努力的回报。至少在这个过程中，我接触了其他同学不曾了解的物理知识，让我站在更高的角度去解决高考中的问题。学习物理竞赛，让我那曾经徘徊在及格线边缘的物理成绩在高二时突飞猛进，让我对物理这门学科产生了浓厚的兴趣。更重要的是，这种扛着巨大压力的学习过程，让我学会如何沉静地努力，如何不畏得失地奋斗，如何义无反顾地坚持。

高中三年最令我头疼的科目非数学莫属，但是在高三后期数学有了很大的进步，习题集功不可没。不少同学都有记录错题的习惯，之前我对此不屑一顾，觉得这种方法费力而没什么效果。但是在考试中屡屡犯相同的错误，看到题目时觉得似曾相识，却又记不清当初老师讲解时的思路。最终我不得不屈服于“好记性不如烂笔头”的箴言，开始了习题收集的浩大工程。不同于其他同学收集错题的习惯，我收集的是我觉得比较有价值的题目。比如，在考试中犯错的地方，有一些是所谓的低级错误，可以直接在试卷上用特殊的记号标注，没必要收集到笔记里，而有些写对了的但是思路和方法比较多样的题目反而可以收入其中。有时候一道题有几种解法，可以都记录上去，比较繁简优劣，不仅可以开拓思路，还能根据不同解法的特点在考试中灵活运用，加快解题速度。另外，对于一些常用的技巧和处理方法，我会用彩笔标注，总结出一般性的结论。复习时间紧迫时，浏览这些总结性的知识，可以由点及面地回忆起具体的题目。数学成绩始终停留在低谷时，我也曾看到数学练习就有恐惧感，也曾面对试卷抓破头皮却无从下笔。但即使难过，也不能成为放弃的理由，即使糟糕的分数让你觉得挫败，也要把老师的讲解认真记录下来。就这样一步步走下来，终会看到自己的进步。

相比数学，也许语文更让理科生发怵。在语文学习方面，我准备了一本专门的笔记本，分成几个板块，分别用来收集易错的字音字形、成语、文言词汇、诗词默写，最后的部分专门用来做素材的收集。很多同学为了应试，买了专门的作文素材书，按题材分类，这样的素材一般只给出故事梗概和一些泛泛而谈的议论。我觉得这样的收集不能详尽地了解人物和事件，对其体悟也只能停留在表面，缺乏独特的思考。而在作文方面，我的语文老师更期待有“温度”的文章，而不是空泛、华丽的辞藻堆砌。上语文课时，老师会放一些介绍人物的视频或是发一些关于人物的资料，把记载他们事迹的文献都罗列出来，让我们根据不同的主题用不同的方式对同一个事例叙写，学会对故事细节的取舍以及对不同重点的渲染，还要用议论性的句子写出自己的感悟。我印象最深的是一个讲述入殓师的片子，当时听到这样的句子后，许多同学眼中都有泪光闪烁：“每个人都以梦为马，向死而生，但面对生离死别，我们永远是个生手。每一刻都可能是最后一刻，每一面都可能是最后一面，我们无法预知死亡，但可以选择应对离别的姿态。”这样的学习让我学会深入地思考，获得独一无二的心灵感悟。于我而言，语文课绝不仅仅是学习知识应对考试，更是忙碌的刷题生活中精神的片刻喘息，是一种终究会内化为个性的文化熏陶。在素材本上，所有摘录的王小波、王开岭、杨绛、村上春树……都让我三年的语文学习不再枯燥乏味，也正是这些名家的智慧语言一点点奠基出坚持的力量。

接下来谈谈时间管理和高效学习的问题，接触过许多成绩优异的同学，发现他们的共同点就是很有计划性，永远懂得规划好自己的时间。有的同学为了提高成绩，买很多的参考书和练习，看到一本就拿一本来做，却永远做不完，从而陷入焦虑。对我来说，制订每日的计划是很关键的，我会准备专门的笔记本，把每天需要完成的任务写下来，而且规定的时间段比较具体，比如早读课、午休前、晚自习前这些相对零碎的时间，我会用来背单词或是看看语文的笔记，而晚自习这样比较大块的时间则用来写理科作业。一个晚上可以写两种科目，这样既不会因为只看一科而觉得负荷太重，也不会因为科目太多而造成思维跳转太快。在每次大考后，我也会总结考试中出现的漏洞，计划下一个月主要攻克的科目以及内容。计划的制订要符合实际情况，不要制订太多以至于要开夜车学习。要学会劳逸结合，适当地放松有助于学习时更专注的投入。熬夜学习往往会导致第二天上课时精神不佳，这样不仅在学习效率上得不偿失，更会把自己的身体搞垮。不仅如此，学习要迈好自己的脚步，不能跟着别人跑，完成了自己的任务就问心无愧，不需要过多地和别人比较。这样每天按照计划完成任务，自然也就不会有焦虑和失眠这些问题。

相信有很多同学都会听到学长们的“提高效率”的一些学习方法，但是如何去实践却一头雾水。我有两点建议，第一是明确目标。高考前很多同学都会有心仪的大学，这些大学录取的条件应该稍高于你目前的学习成绩，这样就会不断激励你前进。你学习时的专注，往往取决于你对梦想大学的渴望，如果真的很想达成一个目标，相信许多诱惑都会在梦想面前败下阵来。有的同学往往缺乏动力，是目标超出自己能力太多，还是自己依旧在随波逐流？认真分析好自己的情况，制定可行的目标，学习时就会充满动力，也会更为专注，这是高效学习的第一步。第二是简化生活。如果自律性不强，就应该把诱惑你分心的因素剔除出你的生活。放长假在家，许多同学会陷入“看到电视就想看、看到电脑就想玩、看到床就想躺下去”的状态，我也会有这样的时候。其实你并没有很无聊或是很疲倦，只是这些因素在悄然中助长了你的懒惰。在这种情况下，我会选择到图书馆去自习，安静的环境和浓重的学习氛围有助于我进入学习的状态，比起在家写写玩玩的状态自然更有效率。完成任务后回到家就可以无所顾忌地玩，不用背负“今天又没有看书”造成的“负罪感”，这样才是高效的学习和高效的生活。

高中三年的确是艰辛的，拥有健康的心态显得尤为重要。高三二轮复习时，许多同学出现了“高原反应”，我也不例外。虽然刷了很多题，但是成绩却始终徘徊不前，遭遇这样的瓶颈的确让人焦虑。随着高考的脚步越来越近，我开始用跑步来减压，下午放学后约上一两个朋友，戴上耳机，绕着跑道跑几圈，出一身的汗。在呼呼掠过耳边的风声中，大脑彻底放空，不去想堆积在桌上的试卷，不去理会高考的残酷。跑完后回到宿舍洗个澡，晚上又可以精神抖擞地投入刷题战斗中。坚持下来，不仅体质增强了，而且心理压力也得到释放。除此之外，听歌和看书也是减压的好方法。如果是热血少年，不妨在失落时来一首让血液沸腾的歌曲；若你天生文静，也可以用温柔的歌声伴你走过高中的笑与泪。每每看到能激励自己的句子，我就会用便条把它们抄下来贴在墙上或是桌上，累了的时候看一眼，告诉自己再坚持一会儿就好了。宿舍里有舍友把心仪大学的校徽和校训打印出来放在桌上，时时勉励自己，也有同学把学长学姐寄来的明信片放在灯下，鼓励自己奋发前进。而我，也把印有博雅塔和未名湖的明信片夹在便签夹上，在它们的陪伴下度过了一个个看书的夜晚。每次在灯下伏案书写，困倦时抬眼看看周围低头奋斗的同学们，想起和朋友们关于北京的约定，就会发现，我不是在孤军奋战，那些一直陪伴着我们走过来的同学们，是支持着我们在梦想道路上不断前行的温暖力量。还有父母，不论我如何疲惫，不论我遭受什么打击，他们都一直在我身边，给予我最无私、最坚定的支持。高中时期与父母相处的时间比初中少，于是周末回家的日子就更显珍贵。在凉风习习的夏夜，与父母到楼下散步，把一周学习生活的快乐和不如意都讲出来，把自己的迷茫和压力告诉他们，倾听他们的建议，不断调整自己的心态。在父母面前，我们永远是孩子；家永远是最温暖的港湾，可以治愈一切的痛苦。我的父母并不强求我考出怎样炫目的成绩，他们只是希望我能快乐成长，所以在高三最艰辛的时候，他们也不曾给我太多关于学习的建议，而是更多地照顾着我的日常生活。有的同学因为父母过度的关爱而压力倍增，而我爸妈的这种任我发展的信任感让我觉得很放松，不会背负着太多去面对沉重的学习。总而言之，保证良好的心态是高中学习中至关重要的一点，松紧有度，才是最好的。

在高中时代，老师们教给我知识，更让我学会成长。记得副校长在一次演讲中说过这样一句：是不是走得太久，你们都忘记了出发时的梦想。多少抱有名校梦想的同学，因为一两次的不如意而灰心丧气。刚入高中，学习难度的陡然提高以及住宿生活的不适应也让我觉得步履维艰。初中时接近满分的成绩一下子滑落，巨大的心理落差的确是痛苦的。面对这样的境况，我虽无法强颜欢笑，但是我可以做到即使难过也要继续努力，即使流着眼泪也要把这条路走完。我所能确信的，只是一句：没人能放弃你的梦想，除了你自己。人生充满机遇和挑战，我们只有充实自己，不要因为一时的得失而放弃努力，才不会有错失机会的遗憾。我的班主任有这样一句话：人生不是一次大考，而是无数次的突击测试。这句话不仅让我在高中三年受益匪浅，也让我在当下的后高考时代有很多思考。高考已经结束，一切又要归零。北大意味着优质的教育资源和广阔的平台，同样也意味着更加激烈的竞争，面对这些突击测试，我们只有让自己更加优秀。

我的母校南宁三中是以“真爱”为教育理念的，她主张保护学生的个性，而不是扼杀个性制造一批批的学习工具。在这样的环境里，我学会了思考。思考自己所处的位置，思考一些关于目标、关于未来的问题，让我不至于浑浑噩噩如行尸走肉般生活。在思考中，我学会取舍，学会理性地分析问题，学会用平和的心去看待身边的事物，少些抱怨，多点感激。这种保护个性的宣扬并不是使每个人走向极端，而是在尊重的基础上不断鼓励我们尝试新的东西，成就更好的自我。想起在面试前的日子，老师们为了让我摆脱羞涩和腼腆，一次次耐心地引导我说出自己的想法，学会更有条理地组织语言。在老师的帮助下，我终于能够突破自我，在语言表达方面有了很大的进步。在我看来，这样的理念与北大的兼容并包是一脉相承的，我也期待着，在北大这个更为广阔的舞台，找到属于自己的位置，散发自己的光芒。

其实高中三年也是一眨眼就过去了，有过痛苦，也有过幸福。每个人走过的路都不一样，所有的经验和经历都只能参考不能复制，唯有自己去体会，才能感受到最真实的青春，也正是这种独一无二的经验让我们逐渐成长。回首三年，笑与泪都显得那么珍贵，比起初入高中时的自己，如今的我不仅在知识上有了进步，更重要的是人格上的成长。坚持，是高中三年令我感触良多的一个词语，它的背后，有多少艰辛和泪水，多少苦痛和付出，而它所指引的，却是一条荆棘遍地而前路光明的道路。坚持是我们终其一生都要去学习和领悟的课题，在高中的每个日日夜夜，是坚持让我在风雨兼程的路上，始终能朝着远方，无畏前行。北大，终于等到你，还好没放弃。愿每个学子都能在回忆这段不平凡的追梦岁月时感动得热泪盈眶，愿每个人都能够不悔过去，无惧将来。

学习经验与感想

姓　　名： 杨珠珠

毕业中学： 浙江省象山中学

录取院系： 数学科学学院

6月过去了，带着许多的悲喜，一批和三年前的自己一样的青涩身影离开了他们初中的母校，走入属于他们的高中时光。而我们，即使炎热时滴下的汗水、痛苦时留下的眼泪仍在脑海盘旋，愉悦时发出的笑声、备战时呐喊的口号犹在耳畔回响，终究是无法再回到那段所有人相依相伴走过的属于我们的青春——也许不热血，也许很沉默，却总有感动与成长相随的青春。回想高中三年，是艰苦的三年，是充实的三年，更是幸运的三年。对于我而言，从初中到高中是从被动到主动的转变——从初中的懵懂无知到高中真正明白学习的重要性，懂得了为自己而学，并学会从中获得自己的乐趣，这是整个高中时期最值得我感激与怀念的。同时，在高中，我真正体会到了父母的良苦用心，看到了老师的谆谆教导，感受到了同学们的陪伴与支持。有人说，人生中再也不会有哪个时期像那时一样专一地、单纯地、坚决地、几近固执又包含信仰和希冀地、心无旁骛并与世隔绝地，为了一个认定的目标而奋斗。感谢高中，也感谢高考，它们教会我成熟。

在漫长的求学过程中，态度对于学习的重要性不言而喻。不论是听课还是练习，高中的生活是一天又一天的重复，漫长而枯燥，只有学会乐在其中，才不会被厌烦与倦怠吞没。也许我们可以选择用学习的重要性，用我们的未来来压迫自己坚持下去，但是效果绝对不会太好。在怨愤与犹疑下继续，与在快乐与激情下前行相比，无疑有着天壤之别。学会享受学习的乐趣很简单，在记知识点的时候多增添些联想，在看书时保留一份好奇心……只要有意便能做到。细心也是非常重要的一点，浙江这些年的高考模式都是偏简单的，但简单中又不乏灵活，它衡量的不仅仅是智力，更是勤奋与态度——这对于学习更为重要。学会在学习中细心，挖掘细微的知识点，做到不错不漏，不仅可以更全面、充分地备考，也会发现不少有趣的闪光点；同时，学会在练习中细心，在做题时多加思考，增加多个角度，就有可能避开出题者刻意设置的陷阱，减少不必要的失分。

高中的知识点是散乱琐碎的，在有限的时间内如何快速、有效地掌握这些知识，这就体现出了学习方法的重要性（可以节省时间）。经过初中的雏形时期，高中我们只要稍加努力就会找到一套适合自己的学习方法。就学习方法而言，个人有个人的特点，在这里便不细说了。我想说的是，我们不仅要形成自己的学习方法，更要学会完善自己的学习方法。“改变”这个词在高中也是非常重要的，我们要勇于改变，善于改变。不是所有的学习方法都会有事半功倍的效果，只有不断地改变和完善，我们的学习方法才能更加有效。如果我们选择一条路走到黑，那么很有可能“蜜糖”变成了“致命毒药”。在学习的过程中，总会有一个或几个你所佩服的同学，多与他们沟通，讨教他们的学习方法，将觉得有效又适合自己的一些方法移植过来，再进行适当地修正，这是一个很方便也很有效的途径。以我自身为例，我的特点是比较无序（混乱），不知道如何安排时间，造成无谓的浪费。后来我借鉴了一位同学的方法——每天在便签本上写上自己的小任务（特别是自己的薄弱点和考试的重点），在自习时拿出来看看，选出接下来要完成的任务，这样既不会浪费时间，也不至于造成每天复习的重复，提高了学习效率。

作为一名理科生，其实我并不喜欢题海战术，当然这与我自身特点也有关系——我做题目比较慢。但是我觉得做十道题真的不如就吃透一道题。理科题目千变万化，而高考的题目更是绝无雷同，所以理科题目是做不完的，而平时要碰到和高考一模一样的题目是根本不可能的。的确，做题可以加深我们对于知识点的熟悉度，加快我们做题的速度，但同样题目做多了意味着机械的条件反射，很多时候会导致我们忽略新颖的题型。高考的题目更趋向于灵活，思路僵化对于考试并无好处。但是，不论高考还是平时的题目，它们的骨架是一样的，只要掌握了一类骨架，就不必在意题目做的多少，也不必在意高考的题目有多新颖，拎出骨架，它就完全是个旧题。并且我们所做的题目（比如一些模拟卷、押题卷等）大多都是从上一年的高考试题中演变出来的，它并不能完全地覆盖我们所需复习的知识面，反而会使我们的复习方向有所局限（连续两年肯定会考到不同的知识点）。吃透题型，然后把剩下的时间回归基础（课本的知识点），偶尔练练笔，个人认为这是比较合理的时间安排。对于题型，我觉得错题非常重要，不论是什么样的错误，只要错了就一定有错的原因，有值得借鉴的地方。建议准备好错题集，有空及时归纳整理，并不断翻阅、反思、巩固，防止自己在同一个地方跌倒两次。

在学习上，我们不仅要注重自己的钻研，更要注重与同学、老师的交流与讨论（最好是老师）。自己钻研的确不错（增强自己独立思考的能力，但不能死磕），但在时间有限的状况下，我们需要更快速、有效地掌握知识点，学会在不懂的时候询问老师，合理地利用自己身边的教育资源，可以收到事半功倍的效果。如果不想问老师，也可以和同学探讨，比起自己钻研，这两种方法得到的结论往往更能让人印象深刻（相信同学们都有过一道题目花了很长时间才做出来，再遇到时却怎么也做不出来的经历吧）。注意不要让问题过夜，想将这个问题搞清楚的激情只有那么短短的一刻，如果把这个问题一拖再拖，一觉醒来，你可能已经把这个问题（漏洞）忘了。一天至少去一次老师的办公室，至少解决一个问题——千里之行，始于足下，如果你能做到并坚持，那么就离成功不远了。当然，找老师并不见得一定是知识点上的漏洞，也可以是学习方法上的、心理上的，等等。只要有问题，都可以与老师交流，这对于我们有着莫大的好处（在这些问题上，老师绝对比我们有经验得多）。

高中学习，我建议稳扎稳打，步步为营。不要在高一的时候因为高考的遥远而放纵自己——这些在高三都是要还回来的。更可悲的是，它放的是“高利贷”——高三的时候就算你付出三倍的努力，也不见得得到与高一努力的同样的回报。相信我，比起初中，高中的“临时抱佛脚”要难得多。在高中一开始就认真地对待学业，既可以对高中的知识有一个大致的了解。有了一个大致明确的方向感，才不至于像无头苍蝇一样到处乱撞；同时也能为以后的学习打下一个较为坚实的基础，由浅入深，学习起来才不至于有很大的难度。如果能够在高一、高二这两年做到重视基础、脚踏实地，那么在高三的时候就可以省去很多第一轮复习琐碎知识的步骤，可以更多地去进行整理与归纳，也就不会过于辛苦了。

从上学开始，身边总是有许多同学热衷于补习，但我并不赞成在学校之外补习的这种方式，这也是许多高中老师所不赞成的。因为校外老师的教学思路与校内老师的毕竟有所区别，参加校外补习很可能有百害而无一利（会混淆你的思路和对知识的记忆）。此外，由于补习老师对你缺乏一定的了解，又是针对大部分人的，他无法就你的薄弱点进行有针对性的讲解，很多时候做的是无用功。其实，提升自己最有用的方式应该是静下心来，自我反思。最了解我们的人就是我们自己，所以我们自己才是自己最好的老师。自己问问自己，我的学习方法有什么缺点，我还有什么知识点没有搞清楚，我最近的学习状态怎样……将自己发现的问题写在纸上，再一一对应解决，而不懂的地方可以询问老师或同学，这才是能够真正提升自我的快速方法。

对于娱乐与学习，其实我一向分得很清楚，该学习的时候学习，该娱乐的时候娱乐，一码归一码，我不会因为学习而毁了自己的娱乐时间，因为我知道全天候读书的学习方法并不适合我。我在家里的时候很少学习，一是放假的时间本来就不长，二是我认为在学校时我已经将效率提到了最高，所以我问心无愧。娱乐是为了让自己开心，缓解压力，松弛神经，同时也是为自己充电，让自己更有精力投入到下一轮的学习当中。如果一味死学，反而会使学习效率下降，事倍功半。同样，当夜自习下课回到家里的时候，我也很少开夜车，即使是在最后的高三复习阶段也是如此。对于我而言，课堂听讲是很重要的环节，需要充足的精力，而睡眠不足会导致我的思维卡壳，精力严重下降，这无异于捡了芝麻，丢了西瓜。而且，对于“高三党”，规律的作息非常重要，不要为了多做几道题而放弃中午的休息时间，午休能让你在下午有足够的精力，不被积累起来的疲劳感击垮。如果是从没有午睡习惯的人（比如我），可以选择在考前一个月开始养成这样的习惯，午睡时间不宜过长，一般二三十分钟就足够了。

我认为体育锻炼对于学习也是非常重要的。虽然我并不是什么运动健将，但是对于晨跑和活动课，我都会准时参与，几乎不请假。因为高中的学习是比较辛苦的，这就要求我们有比较好的体力。高中学习是一场马拉松，比的不是我们的最大瞬时速率，而是我们的耐力与毅力，在这样一场比赛中有一个好体力绝对可以为我们的学习提供意想不到的支持。如果不想被弱体质拖垮，那就积极参加运动吧！

我们都懂得，高中是人生中非常重要的一段时光，它会赐予我们一个全新的起点，而起点的好与坏、高与低，一切的决定权都在我们自己手中。人人都有着对未来的向往与期待，但并不是事事都会如我们所愿。高考是不见硝烟的战场——总有胜负。在漫长的备战时光中，我们可能会焦虑不安。“一考定终生”，让我们禁不起一点点的风浪，失败一次就会有第二次，这样的恐惧铺天盖地。可能我们每一个人都会有深夜痛哭的经历，这并不代表我们的懦弱，而是我们的责任——沉重的压力需要一个宣泄口，不仅仅因为老师、家长的期望，更因为不能自己辜负自己。有压力是一件好事，这意味着我们对自己有要求，适当的压力与紧张是我们前进的动力，甚至在考试中也有利于我们的发挥。我们需要做的是学会控制并且利用压力，而不是让压力来控制和压垮我们。当压力过重时，我们可以静下心来，听听轻音乐，做一些有益于自己的、与学习无关的事，转移自己的注意力，等消极情绪过去后再恢复信心投入学习中。对于平时的考试，我不能说它不重要，毕竟它是对我们一段时期学习效果的检测，但我们不能因为平时的一次考试失利就对自己失去信心。考试只是一种参考，它的主要作用是让我们发现自身的不足，以便于适时地进行调整。不要拘泥于一次考试，将眼光放得长远一些，一切都是为了最后一战。学会准确地定位目标，更加注重自身实力的增长而非一次考试的分数，就能够更好地调整自己的心态（不论是骄傲自满还是灰心丧气），也有利于自己的不断进步。而对于高考，我一直信奉这样一句话：“改变自己所能改变的，接受自己不能改变的。”尽力而为，不留遗憾才是最重要的。结果是重要的，但努力不一定能带来成功，做好自己应该做的，把剩下的交给命运吧。

一路走来

姓　　名： 杨子煜

毕业中学： 山东省德州市第一中学

录取院系： 化学与分子工程学院

俗话说："十年树木，百年树人。"由此可见，教育是一个日积月累、潜移默化的过程。这样一个庞大而且至关重要的过程，远非一个人的力量可以完成，这其中融入了学生积土成山的努力、老师春风化雨的教导、家长以身作则的教诲。我一路走来，最终能够幸运地走进北大的校门，少不了以上任何一方的努力。

先从学生自身讲起吧。我认为，学生在学习时，学习态度和学习方法是两个至关重要的方面。

学习态度是施展学习技巧的基础和前提，没有端正的学习态度，就难以全神贯注地投入学习。高三是一个不得不经历的雨季，我们在雨季里的跋涉往往是艰难的，我们像醉汉一样在泥泞中留下了深深浅浅的脚印。要在这样艰难的环境里提起精神奋力前进，就必须拥有一颗强大的内心，也就是正确的学习态度。

首先，沉着冷静是第一要素。高三时，我们每一周周末都要进行一次完整的考试，周六考数学，周日考理综，而这两科是我最难以把握的。开始时，每当白天的考试结束，夜幕降临，晚自习开始后，我常常因为心情郁闷而难以投入学习。后来，我因为这段时间学习效率的低下而吃了不少苦头。这时，我开始意识到冷静地面对挫折是多么重要。于是我干脆将学习作为发泄不良情绪的方式，用学习释放失败的恼怒。既然历史是失败的，那就让失败永远成为历史。理性地面对成功或失败，不抛弃，不放弃，是高三给我上的第一课。

其次，要踏实。当大多数人来到高三时，总会觉得自己还没有准备好，总会觉得高考近在眼前，总会想要日进千里。但是，进步在短时间内是难以实现的，学生最需要做的是踏实地积累。不要虚妄地幻想怎样辉煌地奋斗，而是埋下头来，做好眼前的功课。晚自习的时间尤其重要，在这段时间，踏踏实实地高效地把作业做好，不要一味图快，更不要死死抓住一处不放。不要着急买下海量教辅，而要踏踏实实地把一本好书做完，再去研究其他题目。总之，踏踏实实地学习，才可能有所提升。

谈及学习方法，不同的人有不同的见解。我是一个并不聪明的学生，所以我的学习方法显得有些笨拙。

首先，我要着重强调预习的重要性。可能在很多人眼里，预习是一项可有可无的程序，但实际上，对于像我这样并不聪明的学生来说，它却决定了我最终能否学好这门课程。从初中开始，我就开始学着预习。在假期里，我会买好教辅和相关习题，对着课本自学。等到开学后，老师教的时候，学起来真的颇为轻松。在高一升高二的暑假里，我没能充分地预习新课程，到了高二，物理和数学又偏偏遇到了电磁学和导数这两处难点，导致我整个高二学起来捉襟见肘、手忙脚乱。做好预习，便如雨滴滑往澳大利亚山脉的东边，最终汇入太平洋的海水，尽享自由与欢畅；倘若不晓得预习的重要性，便会滑向西边，最终湮灭于大陆性气候的炙烤。

其次，面对不同的学科，自然有不同的学习方法。但无论什么学科，都应先研究透题型后再对症下药。

语文试卷往往是以字音、字形题开篇的，虽然字音、字形题看似简单，而且分值不大，但若要保证这些分数稳拿于手，就必须做好积累工作。自己准备一个本子，将每次做题遇到的不熟悉的易错的字音、字形记录下来，早读时仔细记忆。这样下来，高考前不用特意准备，便能胜券在握。接下来就是成语、标点、病句和词语辨析了，成语与字音、字形的学习相似，注重积累，其余几项关键在于要熟悉常常设置的错误是什么，这样做题时才能有针对性。做小阅读要学会张弛之道，首先要略读，摸清文章思路，然后在审完选项后回原文对应处认真分析。文言文里的实词和虚词自然需要积累，语法现象也应注意总结。第二卷是主战地，除作文外，其余各题需要反复做题摸索做题套路，作文则应分解开来，逐段优化。

数学的题目按难度来分有三档。对于简单的题目，在反复练习后一定要保证正确和速度，它是考高分的基础。个人觉得中档题弹性比较大，可以多加训练从而挤出时间来攻克压轴题。但是这里也是失误的重灾区，要保证正确率。压轴题是真正展现能力的地方。对付它，要在多做题的基础上勤加总结。将压轴题分解开，每一个小的步骤都要尽可能地优化，哪怕是极小的一步也有可能让你省很大的力气。

在各个学科中，我最擅长的可能就是英语了。兴趣很重要，如果把某一学科当作一个沉重的负担，恐怕永无出头之日。然后就是积累，需要积累的东西有很多，单词、词组、句式和语法都需要注意。平时做练习题时遇到的文章不要轻易放过，如果有时间和精力，翻翻词典，挖掘文章里潜藏的知识点，积累下来，会有助于你做阅读理解时提升流畅度。单选题里的知识点一定要在理解的基础上熟练记忆，除此之外恐怕没有捷径。做阅读理解时，和语文相似，先总后细。作文最重要的一点就是要规范，无论是书写、结构还是用词都要注意这一点，还要尽量使表达多样化、用高级词汇。

理综最大的难点就是熟练程度和灵活性。一定要找到适合自己的做题顺序（选做题一定要保证做完），然后就是提升做题速度。物理是最容易出难题的科目，学习方法和数学很相似。生物则是要注意背诵，有很多题目用课本原话就可以作答，还要注意审题。化学最重要的就是答题的规范性了，有许多细小的地方需要注意。

不妨建立一个错题本，将每次因为没有审好题错的题目记下来，这样可以提醒自己什么是陷阱。

除了学生本身的努力，父母对孩子潜移默化的影响也是至关重要的。在我一路走来的旅途中，一直陪在我身边的就是我的父母。

父亲对我的学习管教较少，负责我学习的主要是母亲。我的母亲是一个再普通不过的工人，她并没有像很多人那样宠爱我。自记事起，衣来伸手、饭来张口的日子就与我绝缘了。每天早晨，我不到六点钟就起床，给自己做早餐。当很多人还在沉睡时，我已孤零零地站在路口，盼望着公交车的出现。当第一缕阳光穿透晨雾落在脸上时，我已经坐在公交车的后排座位上，好奇地望着窗外这个正在慢慢苏醒的城市了。

小学时放学很早，我常常坐着公交车穿过下午温暖的阳光回家。八九岁的年纪，正应该好好享受父母的百般疼爱，我却常常一个人沉默地回到空荡荡的家。但是，我却很感激上天赐予了我这样一段时光，让我变得更独立，也让我体会到那样一种孤独的快乐。

母亲只有初中学历，与我很多同学当教师的父母不同，她不能在学习上帮我很大的忙。她所能做的，就是督促我学习。尽管如此，她的很多话却也很有道理。比如，在我写作业时，她会说："一定要把字写漂亮了，你把字写漂亮了，就说明你专心了，错误自然就少了。"辛苦的生活给了她许多生活的智慧，而性格直爽的她就把这些智慧在日复一日的唠叨里传给了我。这其中，对我影响最深的一句话，就是"不要把你的成绩与比你差的人相比，要往上看"。正是这句话，让我成了一个颇为上进的人。无论取得了怎样的成绩，我都不会骄傲自满；相反，我会看到那些更强大的人，也会因此不断前进，争取爬上更高的山峰。我初中的语文老师这样评价我的母亲：“你的妈妈是一个有抱负的女人。”直到现在，我仍然秉承着母亲告诉我的做人原则——不卑不亢。我想，母亲的这些朴素的道理也一定会陪我走向美好的大学生活。

说到老师，对我影响最大的应该就是我的初中班主任了。可以说，初中三年是我的人生发生巨大变化的三年，这三年塑造了现在的我。

在我小学的班级，我的同学们不论学习好坏，都还算是文明而且讨人喜欢。我以为世界就是这个样子，美好、友善。但现在想来，那样一个小小的世界只是水晶球里的幻象，有朝一日不小心打碎便会还原世界的残酷。初中时便有实验班之说，但不幸的是，这实验班并非全部按照成绩划分，而像我这样一个家里并没有各种关系的孩子，便被分到了众人眼中的“差班”。那个让泪水和汗水浸透的夏天至今在我脑海里挥之不去。我的同学们大都非常调皮，军训时常常对我挤眉弄眼，自习时教室里嘈杂喧闹，在那样的环境里我开始变得格外郁闷。

这样的苦闷我无处宣泄，只好把它释放在学习中。初一的第一次考试，我考了年级第一名。大家有些吃惊，实验班里的年级第二甚至当面来找我以确定是否有误。从那开始，我似乎变得愈发孤僻，愈发瞧不起我身边的同学。这时，班主任找到了我，指派我当班长。那一刻，我先是吃惊，继而恍惚，最后全然迷茫了。我从未深入地接触过我的这些同学，更不知该如何管理这个班级。但无奈之下，我硬着头皮当起了班长。开始时，我用严厉的面孔伪装自己，让同学们对我十分敬畏，但随着时间流逝，我渐渐地发现，他们中的大部分人只是对学习并不感兴趣，但远非真正意义上的坏孩子。慢慢地，我和他们做起了朋友。

倘若没有老师的那样一个决定，我或许至今仍是一个瞧不起学习差的同学的孩子，目空一切、自以为是。那样的我或许拥有好成绩，却永远不会拥有他人的尊敬。正是老师，让我在拥有成绩的同时，也拥有了一个完整的人格。

我一路走来，凭着自己的努力、家长与老师的谆谆教导与教育体制的驱动，幸运地走进了博雅塔下未名湖畔的燕园，在此，用一纸荒唐言回顾往昔，愿无愧我将迎来的大学时光。

学习经验分享

姓　　名： 姚嘉豪

毕业中学： 上海市上海中学

录取院系： 数学科学学院

获奖情况： 2013年中国化学奥林匹克决赛二等奖

2013年全国高中数学联赛一等奖

2012年全国高中数学联赛二等奖

2012年中国化学奥林匹克省级赛区二等奖

我就读的高中是上海市上海中学，这是一个强手如云的地方，所以每一个人必须有一套属于自己的学习方法。

在语文的学习过程中，积累是十分重要的。古诗文的内容、古今异义的实词，都是要靠记忆来掌握的。而对现代文中心主旨的理解和写作等则是在课外多读、多看、多写中逐步培养而来的。尤其是现代文的题目中往往有多个得分点，一定要答得尽量全面和完整。平时在训练的时候，也要多考虑一步，要思考得更加深入一点。作文的分值占试卷的总分的比例是比较大的，所以在动笔之前一定要为全文列一个提纲，紧扣题眼，围绕作文题目进行逐层逐层深入思考，使文章主旨更为深刻，见解更加有特色。

在数学的学习过程中，做题是十分必要的，通过不断地刷题可以在一定程度上提高数学的做题能力，强化对数学知识的掌握。所谓“熟能生巧”，就是通过不断地操练，将做题的速度、做题的准确率不断提高。诚然，刷题可以提高数学分数，但是要提升数学能力，单靠题海战术是远远不够的。我会准备一个小本子，上面记录的是我认为有价值的题目或者错题，之后我会把这些题目再完整地做一遍，分析并总结一下这里用到了哪些自己还没有掌握的知识点。

在学习英语的过程中，语感是十分重要的。英语中的语法知识是要踏实记忆并要学会灵活应用的，语法的好坏会影响语感，尤其影响英语阅读速度，特别在读一些长句子、难句子的时候。听力、阅读、作文，其实还是靠平时的多听、多读、多练。作为一门语言，只有多多使用它，才会灵活地掌握。

在理化的学习过程中，错题整理并不可少。同时，物理应掌握各种物理公式的推导过程、物理量的意义、公式的适用条件等；在熟记公式的前提下还要学会物理常用的分析方法。化学则是要注意物质的结构、性质、用途，更要注意物质间的区别与联系，要形成知识网络和知识体系。通过了解理化的发展历史，我们也可以在各位科学家的身上学得他们的人格魅力及科学态度。

在学校，老师会布置一些课内的习题，以及高于课内习题的课外练习。对于我而言，除老师布置的习题外，不会再给自己安排过多的作业。我不是从量的角度，而是从质的角度来要求自己。我每做一道题，就力求弄懂一道题。我会自己对一道题目进行推广，做几个变式，以此来有深度地认识这道题目。每一次考试我都会认真地、以自己最佳的精神状态对待它。每一次考试结束后，我不仅仅关注分数的高低，而且关注自己做错的地方、自己的失分点。接下来我会分析失分的原因，及时查漏补缺，并找一定量的专项练习进行操练，直到对这一方法、这一知识点了然于胸。

无论是学校里的小班课还是外面的大讲座，我总会尽量靠前排坐，而且选择远离同学的位置。这样可以提高听课效率，也可以更清楚地看到老师上课的各种细节，并且方便与老师互动。虽然有时会不停地记笔记，但我认为关键还是听课，听老师如何去分析和讲解的。如果遇到疑问，我会在老师允许的情况下，尽量立即提出自己的困惑。一来老师非常乐意为学生答疑解惑，二来这些疑惑如果没有及时解决，很可能会被遗忘，且积压起来，将来会成为自己的致命伤，并会成为我们知识网络上的盲区。如果老师不喜欢被随意打断，我会将这些疑点记在我的小本子上，在一天结束之前，一定会单独问老师的。

高中老师的课虽然多，但知识多而杂，课上老师有时仅仅是点到为止，课下还需自己多加研究。故而，学生的自学能力也是十分重要的一个方面。现在,来自各个方面的诱惑特别多——同学间无意的交谈(同学可能不是故意想打扰你),各种美食、饮料,QQ、人人网、微信朋友圈,各种网络游戏等。所以,自习时,找一个可以静下心来的地方是相当重要的,学校的图书馆等安静的"与世隔绝"的地方是首选。在那里,你可以分配好自己大把大把的学习时间,用来刷题,用来阅读,而不受外界的干扰。

学习从来不是一个人的事情,更应利用好身边的老师与同学这一宝贵的学习资源。就老师而言,很多人可能仅仅当作是一位传授知识的人。但我觉得老师不仅仅如此,有时候他们的作用大到惊人。我是一个十分喜欢进老师办公室的人,一有时间,我就会走进老师的办公室,问问题目或与老师交流交流。有时候,即使没有问题要问老师,我也会站在老师一旁,看着其他同学问老师问题,从中我会发现这些问题是多么有质量、有水平,自己也可以从中学到很多东西。高中的时候,尤其是高三的时候,很多人有过这样的经历:学习了很长时间,非但没有显著的提高,还感到自己身心疲劳。每当这种时候,我都会找相关的老师或者班主任进行一次面对面的谈心,把自己的困惑、自己的心里话说出来。经验丰富的老师会给我一些好的建议。有了老师的帮助,我很快就会恢复到良好的学习状态,继续高效地学习。就同学而言,那就更加有帮助了,同学们大多人很好,只要我有问题,他们是有问必答的。对于有一些题目过于奇怪、不适合问老师的,可以向那些水平高的同学求助。

学习的时候,应该给自己制定一个又一个的阶段性目标。如此,自己就会比较明确现在是什么阶段,在该阶段应该做哪些事情。我在高中阶段是比较忙的,因为既要在学科竞赛上取得一定的突破，又要保证常规学习的优异。再加上我是搞双学科竞赛的（数学和化学），所以给自己制订阶段性目标就更加必要，这样才不至于忙碌却没有收获。有了阶段性目标之后，在一个特定的阶段就做特定的事情，而不至于分散自己的精力，什么都要抓。这里并不是说，为了实现某个目标，其他事情就都不去管；而是说在某个阶段可以把一件事情定为主要的，另一些事情定为次要的。如此才可以使自己有条理，事情越是多就越应该分清条理，理清思路，方可游刃有余。我高三开学后，依次要参加高三摸底考、高中化学联赛、高中数学联赛。所以，我先集中全力复习高三摸底考，考完之后，暂时不去想摸底考的结果，继而投入高中化学联赛的复习之中，并集中全力于此。在全国化学初赛考完之后，成绩尚未公布之前，我又去准备高中数学联赛。那个时期事情特别多，我把时间分为不同阶段之后，便能够灵活应对，不会失去前进的方向。在不同的阶段，我都会把要做的事情分一下等级，先去完成一些最为紧急的事情，暂时不去想那些想了但无所裨益的事情，如考试的成绩、结果的公布，从而使自己的精力、时间真正得到有效利用。

我认为考试也是有一定的方法可言的。考试之前要全面而系统地复习；考试时要保持最佳的状态，专注而仔细；考试之后要进行一次深刻的总结，分析自己的不足，哪些地方是由于粗心或者没有看清题目而做错的，哪些地方是在下一个时期可以有所改进的。即将考试之前，尽量不要和同学交谈。因为如果你发现同学们讨论的知识自己还没有掌握的话，很可能搅乱自己考试的情绪和状态。相反，要独自冷静一下，或闭目养神，或给自己几个预案：预先想想在考场中会发生什么，自己该如何作答，遇到突发情况怎么办，最后5分钟该干点什么事情，等等。如此才能养精蓄锐，运筹帷幄，考场上才能有出色的表现。考试时，要抛开一切杂念，不要去想同学做得怎么样，不要去想自己发挥得不好将如何，应该把注意力全部集中于一道道的题目。可以回忆一下老师上课时是如何讲解这样的题目的。如果暂时忘记也不要太着急，尝试自己去推导一下，去分析一下，力求把自己会做的题目全部做对。

在学业压力之下，我认为课内学习与课外活动、个人爱好是相辅相成、互相促进的。比如，课内的常规课程学习与课外活动中的学科竞赛，课内的课程学好了，才可以去参加学科竞赛，因为学科竞赛是在课内知识的基础上再作延伸的。所以，课内知识越是扎实，学科竞赛之路就能走得越远。而学科竞赛也会反过来作用于课内学习。竞赛的要求高、难度大会使自己站在一个较高的层面上看待问题。由此，课本上一些之前无法解决的问题在有了竞赛的经验后常常会有了解答思路，课内一些解法冗长的题目如果站在高层面上也会有更加深入的思考。课外活动中一些实践活动、学农实践、野外生存训练与其他个人爱好等都是在紧张的学习之余给予个人的一些放松与调节。我的个人爱好是跑步，在运动会上400米项目仅用时1分钟，获得第一名或第二名的激动无疑会使自己信心倍增，得到学业之外的放松。这种个人爱好成为我平时在学习状态不佳时候的调节的途径。尤其在高三的时候，如果自己有点学习疲劳，我就会选择一个时间来到操场，在红色的塑胶跑道上跑上一两千米。之后，我会迅速来到学校图书馆进行自修，这时学习效率提高了，思维更加灵活了。

学习、生活中遇到一些困难和挫折是无法避免的，我们要保持良好的心态，积极地直面，而不是消极地逃避。高三阶段中，我在第一学期获得了高中数学联赛一等奖、高中化学联赛一等奖的好成绩，而且化学竞赛更是进入了化学市队。这些好的成绩使自我开始膨胀，以为自己必定会获得心仪的大学——北京大学的最佳优惠条件。然而，在 2013 年 11 月 27 日开幕的化学冬令营上，由于化学实验这一块出现了较大的失误，结果重新要了样品进行滴定，但由于心理素质跟不上，越是滴定越是紧张，越是紧张，越是滴定不好。成绩出来，是获得了银牌，只获得了北京大学的 30 分降分。但是，差 1 分就可以拿到 60 分降分，差 3 分就是金牌，同时可以有一本线的优惠。当时，打击很大，本来一心以为竞赛结束之后可以歇一歇，结果还是要努力高考，而且比其他同学缺少了宝贵的三个月的总复习时间。当时，我们化学市队的领队李锋云老师问我要不要放弃北京大学，而拿复旦大学的一本线优惠，我立即回绝了。我认为至少我还有高考这个宝贵的最后一次机会，我应该为自己的梦想、为自己的未来去拼搏。李老师一直很关心我，他认可了我的选择，并鞭策我在接下来的时间里要更加努力，把自己落下的课程赶回来。回到课内学习中，我就立刻感到了一种落差，周围的人经过了系统的训练都变得很强，而自己有点跟不上，尤其在文科方面。不过，心想再大的困难也遇到了，这些古文、阅读、作文算得了什么，所以回头再来，人生豪迈。功夫不负有心人，在高考中我以 562 的分数考进了北京大学，并如愿以偿地进入了数学科学学院。我首先想感谢的是自己。我能够从竞赛的“利空”中走出来，再次站起来，实现自我的超越，真的要感谢一下我自己这么多年来的坚持。故而，面对学习、生活中的困难，要保持良好的心态，一定要坚持下去，一定要怀揣着希望。

进入北京大学读书，实属我个人的荣幸；进入北京大学的数学系读书，更属我个人的荣幸。这属于一种荣耀，更是一份挑战，我会更加努力地在全国最高学府中习得真才实学,成为精英。对于学弟学妹们,我希望我个人的学习经验可以对大家有所帮助。学弟学妹们,希望你们可以勇往直前,顽强坚毅,直面高中学习中的各种艰难险阻,最后学有所成,进入自己心仪的大学。

平凡之路，且听风吟

姓　　名：尹梅妮

毕业中学：四川省成都市树德中学

录取院系：数学科学学院

获奖情况：2012年、2013年全国高中学生化学竞赛省级赛区一等奖

2013年全国中学生物理竞赛省级赛区二等奖

2013年全国高中数学联赛省级赛区二等奖

如果要为我进入北大之前的十二年学习生涯做一个总结，那么关键词我定义为“平凡却不甘于平庸”。

最初的状态中每个人都是平凡的，然而有些人注定非凡。这个世界上有那么多不平凡的人物，他们闪耀着，他们喧嚣着，可这个世界的大多数却是他们曾经擦肩而过或者从未接触的普通人。社会是一个金字塔，无数平凡的人们组成了其强大的基座。作为一个默默无闻十八载的人，我希望这篇文章更多地透露出一个平凡学生不那么平凡的心路历程。

治学十二载，最先接触的是语文、数学这两个学科。平心而论，最开始的时候我喜欢数学，却对语文毫无好感。小学四年级时我在班主任的带领下接触了一段时间的小学数学奥赛，从此以后数学世界的大门在我的脑海中打开了。虽然从此以后我再不曾接触过竞赛，但数学成绩却意外地保持得很好。所以，接下来就先介绍一下数学的学习方法。

数学

想要学好数学，必须发自内心地喜欢它，没有热爱便无法做到极致。学习方法想必大家已经听闻了许多，在这里我就列举一下对自己有用的方法。

(1) 学会和老师、同学交流，记住“三人行必有我师”。不要经常因为题多或者题难就自暴自弃，可以和老师商量，老师会理解你的。数学课就是从老师那里学习解题思路和方法，上课的时候尽量少神游，要跟着老师走才可以吸收到精髓。优生一般都“死”在基础上，因为他们有时会好高骛远，觉得老师的方法不够优越就不认真听讲。请珍惜每一个鞭策你的老师，是他们的不吝赐教让你更加优秀。另外，每个班都有很多大神级别的人物，大神讲题一般都很有耐心，多和大神讨论，会有意想不到的收获。同学们思维相近，更容易讲懂或者听懂。大家对于同一道题有不同解法时，集思广益，还能共同进步。

（2）合理利用教辅资料，刷题不是万能的，但不刷题是万万不能的。调节好心态，不要惊慌于听闻今天某学霸又刷了多少“金考卷”，昨天隔壁班又发了几张“烧脑卷”。题海无涯，最凶残的学霸也是刷不完数学题的。光刷题不积累解题方法是没有用的，平时考试可能会做到原题，高考绝对不会。要学会记忆解题套路，一般这种题我应该怎么做，比如导数压轴题，永远离不开含参讨论和分离参数，复杂一点的会有不等式放缩，按这思路写着写着就做出来了，即使最后结果没做出来，如果步骤对的话也可以拿到一定的步骤分。永远不要只满足于一种方法，也不要只求最简单的做法，一般来说标准答案给的都是大部分人能想到的解法。多关注经典题，偏怪难永远不是高考的主旋律。刷题的话还是推荐高考题和所在省市的真题模拟卷，比较正规。

（3）一定要用好改错本，这算是我的独门秘籍。除非特殊情况，我是不会在数学改错上马虎的（主要是数学老师是班主任），改错本不一定只写错题，那些解法非常妙的题也可以记录下来。我个人偏爱手写，有的同学喜欢复印粘贴，这个看个人喜好。题一定要亲手做，不要偷懒，不然只是浪费时间和本子。高三时间会很紧，如果抽不出时间来改错，我比较推荐大家重做自己不会做的题，多做几次就会了。积累好题有助于自己能力和思维的提升。

语文

对语文我是高中才真正了解起来的，我也算看过许多书，也曾经一度愤青于国学之不振，我幼稚地以为语文教学太过机械、死板，答题套路过于单一，作文失去了本应该有的灵气，甚至比不上古代的科举考试。成熟了一些后我才明白为高考而存在的语文有利有弊，是最不公平而又最为公平的存在。不过至今我仍然认为，比起我钻研过的课本，勾画过的现代文，朗读过的无数诗词以及字音、字形，我更喜欢读我喜欢的文章，看我喜欢的书，写属于我自己的文字。大概是因为我心态比较好，不会局限于愤青状态，我觉得一些试题中的现代文和古诗词也是无比美丽的，考试之后值得一品。接下来介绍我的语文学习方法。

(1) 想学好语文一定要多看书。书的类型很多，所有类型的书(包括言情小说)如果用对了地方都是有益的。看书可以陶冶情操，可以增长知识，可以让人富有内涵，可以拓宽人的思路，可以使人赢得他人的尊重。学生时代正是读书的黄金时代，待到参加工作后往往就没有那么多的闲暇时间。我认为学校教育一定要注意对这方面的培养，绝大多数学生是喜欢看书的。书中自有黄金屋，书中自有颜如玉，看书多了语感会逐渐增强，反应会更加敏锐。

(2) 字典在手，天下我有。一定要买最新版的《现代汉语词典》，它绝对比学习机管用。紧张的学习之余翻翻字典也是一种享受，可以调剂一下心情。把不认识的字通通查出来，自己手动翻页绝对比屏幕搜索更管用，印象也会更深。积累的时候用不同颜色的笔，用色彩鲜艳的笔突出重点，有助于提高学习效率。

(3) 要想写好作文，首先要多读书，多看新闻，多和他人交流，这样才会有令人信服的论点和信手拈来的论据。其次要有清爽的结构、流利的表达、瑰丽或质朴的语言，这些可以锦上添花。不过文章最主要的是文之魂，含有作者本人观点，倾注了作者真实感情的才真正称得上是做文章。

(4) 关于应试试题，我的诀窍是多勾画，但是也不能乱勾画，要针对题目找出古文或现代文中的关键词。还要有一定的归纳能力，不要答得过于烦琐。比如现代文中的归纳题，找到原句后要适当压缩；文言文中的品质概括，原文最佳，也可以去记忆几个经典的形容词。卷面一定要清爽，书写一定要整齐。

(5) 请一定要重视语文，不要只重视理科。从小到大我身边有许多理科优秀却不喜欢语文的同学，我也为这些同学感到惋惜。我诚挚地希望大家都能体会到语言和文字的妙处，里面积淀着五千多年的历史，见证着人类的进步与时代的兴衰。

我虽然拥有一个理科生的大脑，却也拥有一颗文科生的心。理科讲究理性的判断、严密的逻辑和一闪而过的灵感；文科侧重于精湛的分析和对内容的把握能力、理解能力。二者各有千秋。由于本人理综稍次，所以给出的建议也不多，希望大家体谅。

理综

1. 物理

高中三年，物理是我最吃力的学科，没有之一。这与个人爱好有关，我不喜欢物理到连题也不会刷，平时考试勉强蒙混过关。到高三，物理逐渐凸显出它在理综中的重要性，我只能咬咬牙下定决心补救。在物理老师的带领下，于数次“腥风血雨”的理综考试中仍不卑不亢，吸取失败的教训，积累成功的经验，也锻炼了良好的应试心态。做物理题时，要一步一步分析，不要心急也不要跳步骤，写着写着思路明了就做出来了。合理利用时间，实在不会的题不要花过多时间，拿得起放得下。不懂的题多问老师和同学，一定要问到会做为止。

2. 化学

和物理比起来，化学学习相对轻松。高中最后两年我一直担任班上的化学课代表，化学成绩也还不错。接触过许多学化学有一定障碍的同学，他们中的许多人不是弱在思维，而是基础。化学不像物理，它是由一个中心发散出去再构成知识网络的，对于联想能力要求非常高，必须要学会触类旁通、举一反三。当看到一个物质，便可以将其性质和经典变化讲出来，那才算是掌握了。化学方程式是非常重要的一块，尤其是氧化还原反应。化学中的大部分知识都是以氧化还原反应为基础或桥梁的。总之，化学学习要多看知识点。

3. 生物

对生物而言，我的学习方法就是准备一个本子，专门记自己容易遗忘或者比较偏僻的知识点，考试之前再重复看，用不同颜色的笔勾画出仍不清楚的地方，效果非常好。多问老师，把没弄懂的理论搞懂。多看书，生物的知识点相对较多较杂，但只要投入足够的时间，足够重视，一定没问题的。

关于英语我没有什么建设性的意见，因为高考方面英语改动比较大，而且各省市的重视程度不同。总之多听、多写、多读、多说一定有帮助。个人比较喜欢单选、完形这类考语法和搭配的题目。阅读理解题需要在文章中仔细勾画，再比照题目，做出正确选择。由于本人能力有限，也就不多说。

心态

想要获得好成绩，不仅要有实力，还要拥有良好的心态。我父母在学习上对我管教不多。考试成绩不好时父母也很少冲我发火，他们一般都是叫我自己找原因、调状态，并劝我不要灰心。成绩不理想时老师也不会严厉地责骂，而是给予我如何提高成绩的建议并且肯定我的努力。

就个人而言，我的学习态度是比较懒散的，但是应该做的事我就要做到最好，虽然平凡却不甘于平庸。我很喜欢看漫画和小说，初中看得特别多，天南地北的书，什么都看，从漫画到《读者》，从言情到《意林》。到高三我也没有放弃漫画和小说，这点最初被班主任狠狠批评过，后来交流一番后也就默许了。我并不觉得我的兴趣爱好会影响学习，周末的时候花四十分钟来放松一下紧绷的神经，绝对比一直学习效果要好，当然前提是不能上瘾。结束了一天的学习后，睡觉前可以花几分钟看看新闻，读读自己喜欢的书或文章，住校的同学还可以给家人或朋友打个电话纾解心情。

当兴趣爱好与学习冲突了怎么办？我觉得还真的没有为了学习必须放弃爱好或是为了爱好必须放弃学习的情况，二者是可以包容的。只要合理地安排时间，提高自己的效率，便可以实现。对于学生而言，学习固然是非常重要的，但有爱好也是非常好的，如果不能做自己喜欢的事情，那人生也会很无趣。我们学习是为了提升自己的能力，让自己各方面都变得更强，不仅仅包括知识方面，还有社交能力、实践能力等。发展爱好也是一种学习，也可以提升我们的能力。不过要分清楚主次，要先高效率地完成学习任务，然后再分配适当的时间于兴趣爱好。虽然说我也喜欢玩，不过都是在完成了自己该做的事情以后才去玩的。总之，做事情时能做到认真、专注，效率自然会提高。如果做任何事情都十分专注，那绝对会收到事半功倍的效果。

严于律己，发挥出自己的极致，不要马马虎虎就过了，要学会对自己负责，才能够成为真正优秀的人。

我自认为我还是比较洒脱的，没考好就是没考好，浪费时间就是浪费时间，没有什么好后悔的，反正也回不去了。为何不看开一点，在接下来的日子里更加努力呢？拒绝拖沓，远离颓废，不要因为考试成绩差就自暴自弃，你的能力体现在生活中的各个方面，一次考试成绩的好坏并不能证明人的能力高低。也不要抱有小考玩玩大考认真的心态，因为小考也是考，大考也是考，从某种意义上来讲小考状态也就决定了大考状态，适应了平时的各种考试，才能在大考中轻松发挥出应该有的水平。不要局限于考试成绩，我认为成败并不重要，重要的是能不能证明自己已经做到最好。心态从一定程度上决定成败，自信而不自负，自谦而不自卑，做一个平淡而又乐观的人，你会发现生活中处处是阳光。

分享完了自己的经验，还想对学弟学妹们说几句。不管你们觉得高考有多可怕，不管你们觉得应试教育这个体制如何如何不好，它有利有弊，总归存在了这么久，一定程度上讲也是具有其公平性的。未来的世界是你们的，不要抱怨，不要悲观，承受它，战胜它，改变它，这才是你们应该做的事。我也是一个应试教育下走过来的普普通通的学生，我深知它的局限性，却也无比感谢它带给我的提升。一路平淡，一路平凡，没有多么出彩，却一直坚持着自己的信念，变得更加坚强，更加勇敢。十二年来，我汲取了数不尽的知识，获得了独立思考、判断是非的能力，这也让我变得更加自由。对即将踏入北大校门的我，这无疑是人生中最好的馈赠。

我的经验与方法

姓　　名： 袁东筱

毕业中学： 浙江省奉化中学

录取院系： 法学院

获奖情况： 浙江省高中生物竞赛二等奖
浙江省高中数学竞赛一等奖

古人云，宝剑锋从磨砺出，梅花香自苦寒来。只有努力拼搏的人才会得到上帝的垂青。经历了十数年寒窗苦读，自己终能幸运地进入北大，开始大学的旅程。

学习经验

个人认为良好的休息与稳定的高效率是最需要的。如果日日苦读到深夜，却因为疲劳而使学习效率极低，虽然耗费了大量的时间，但是所吸收的知识的养分还是微乎其微，那就只是徒增劳苦而已了。身边大部分学习好的同学，都是在校学习极为高效的人，快速完成学习任务，回到家后劳逸结合，始终保持饱满的精神状态。高三是一场无比劳顿的旅途，会将大家弄得筋疲力尽。若不保证良好的休息，长久的刻苦奋斗带来的肉体与精神上的双重疲劳，只会在半路上累垮自己，反而是得不偿失。我自认为平时的效率不错，这都归功于年少时培养出的耐心。我从小喜欢手工与绘画，常常为了制作与绘图，在桌前一坐就是几个小时，全身心投入其中。这些经历培养了我做事的毅力与耐心，也使我在校读书时能更好地集中注意力。

关于课堂，课前适当的预习能极大地提高听课效率，也能更好地巩固知识要点。我习惯在上课几天前就开始预习。寒暑假时还经常会将理科中的几门课预习掉几单元。听课一定要专注，否则会漏掉许多知识要点，一旦有不懂的地方课上及时提问解决，或者在下课后询问老师。

笔记必须记，单独小本和直接记在书上我觉得都行。小本子内容集中，查找方便；书上直接补充相关内容简单一些，内容也不易丢失。笔记不用全部记下，抓住重点便可，只记不听不思考和只听不记都是大忌。化学、生物和文科笔记必备。如果时间允许，还可以在后期重新整理笔记将其精简化，使其条理清晰、简单明了。提到了上课笔记，当然还要提一下错题本了。个人认为也是文科和生物、化学很需要错题本，它们内容细碎，知识点小而多，需要将要点、难点及时记下，通过频繁复习来巩固。数学与物理考验的是逻辑思维与计算能力，只要在做错以后重新理清头绪便可。

买本参考书，在写完作业之后，及时完成相应部分的习题，以巩固知识点并熟练答题技巧。刷题是很必要的，但不宜过量刷题。到了高三后期，刷题已经没有了意义，重要的是回到书上，理清所有的知识体系与脉络。弄清每一种题目和各类题目的模型，将一道道题目拔丝抽茧，理清思路，明确中心。一旦有不理解的地方，可以寻找同学一起讨论，亦可请教老师。参考书要好好利用，但不用买太多，每本必修课一本足矣。重要的是认真做完，而不是囫囵吞枣。许多同学在开始学习某内容时总是兴致勃勃买来一大堆参考资料，却是每本浅尝辄止，这是极不可取的。

学习目标要明确，给每段时间制定一个小目标。比如，这个星期重点攻克解析几何解题思路与方法。当然，大的目标也应该树立。小目标从属于大目标，为实现大目标做铺垫。目的越明确，积极性便会越高。学习目标要根据个人的具体情况而定，不要过于简单，也不要好高骛远。同时，不要看到周边的同学在做什么，自己也无脑地跟随。主见是必需的，你需要知道自己的薄弱环节在哪。如果总是漫无目的地在自修课上东做一点西做一点，效果不会太好，即便投入了许多的时间，最终也会让你落后于他人。目标明确，便能精神抖擞地向着前方不断前进，完成一个又一个的计划，积少成多，提升自我。

复习期间，可以自由支配的时间很多，但不要老是只做一门。就算某门学科成绩欠佳，但长时间复习一门课程会使人疲劳，降低效率。多门学科交叉学习才是正道。如果你是偏科型学生，请尽力将你的弱势学科补足。不及时将其解决，高三后期你将花费大量的时间与其搏斗，甚至影响其他学科的复习情况。在大考之时，一科的颓废可能会毁掉好几科的出色。

对于高中的各门功课，我有以下的见解。

先是语文，字音、字形、成语、语病、名句默写，这些都需要长时间的积累与不断的巩固。用笔记本记下这些琐碎的知识，分出重点与次要，在日后的复习中可以大大提高学习效率。大阅读和古诗词都有类似的套路，多练习，多分析答案，便可培养出做题的感觉，掌握答题的技巧。最重要的板块——作文，即使文笔欠佳，但大家都可以在事例与写字上多下功夫。熟记各色名句与故事，灵活运用；再加上漂亮的书写，会让阅卷老师好感顿增。

再说英语，本来高三前我的英语水平一直处于中游，高三便开始了题海战术，效果出奇的好，在不懈的努力下将成绩提高到了班级前列。单选题涉及的知识点繁多，但难度不高，多做多练便可熟练。而完形填空题与阅读理解题，身边的大部分人都这样表示：做完了一本参考书，立马提升好几个台阶。只要不怕劳苦多加练习，英语是所有科目里面最容易提高的一门。

接着是数学，它需要的是你的逻辑和分析能力，而不是简单地去套用公式，默写内容。每次考试的题型虽然相同，但内在又千变万化。高中数学靠的是“悟”，再加上适当的训练，才可将其掌握。在不断做题中归纳总结，分析方法。错题一定要细细咀嚼，找出思路错误之处，将其改正。而且数学是最需提高答题速度的一门，想在规定时间内完全做完无比困难，所以必须在学习中练出高正确率的答题速度。

物理和数学类似，需要的是你的逻辑和分析能力，但套公式还是易于数学的。物理最特别的就是它有多项选择。记住，没有把握时还是不要选，以求得一半分数，毕竟六分一道的分值实在过于沉重。

化学与生物可以归成一类，是逻辑和背诵的结合。精读这两科的书本十分必要，高一开始于书本，高三回归于书本。考试时经常会有几道题涉及似乎没学过的知识点，翻书查找时却在被忽略的角落中发现了答案。化学和生物的选择题是非常棒的学习素材，每做一遍都可以帮你回顾大量的学习内容。这两科要形成知识体系，让零散的知识有机地组合在一起，而不是孤立，不相联系。

最后有一点需要提及，许多同学都想着高一、高二不行，还可在高三奋力一搏。但若是在高一、高二都下不了苦功，高三又怎能废寝忘食地投入学习？只会被压垮而已。三年的每一天都需踏踏实实，一步一个脚印，不要把赌注全压在高三这一年上。三年的力气需用匀，不要随便浪费宝贵的时间，安安心心，平静地走向高考。

家庭教育与校园教育

我的父母在学习方面一直采取的是放养型教育，不来干涉我的日常学习事务。我不是独生子女，我还有个孪生兄弟。学习方面，我一直是自主进行，与老哥一起努力，相互竞争，从来不是被父母逼迫而学习，而是一直为了自己的将来奋斗不息。我一直认为，想要取得优异的成绩，必须从内心发起对学习的热情和苦读的动力，才能不在通往光明的道路上半途而废。尽管父母在学习方面任我自己发挥,但他们在其他方面的教育都是尽心尽责的,希望将我与老哥培养成出色的人才。

我父母的家庭教育也对我有着相当大的影响。他们一直秉承着身教重于言教的理念,用自己良好的行为来引导我的成长。我犯错时他们总以教育为先,打骂只是偶尔。因为父母一直知道,恶毒的责骂与暴力的体罚只会在孩子心中留下抹消不去的阴影。他们懂得要控制好自己的情绪,懂得退让,理解孩子。而父母自己出错时,也会及时认错,真诚道歉。他们两人始终在努力创造一个轻松愉快的家庭氛围。他们会打麻将,却从不像某些家长一样沉迷其中,而是尽可能地在我的童年时期多陪伴我。我们家进行的是平等的沟通模式,父母不是高高在上,我和哥哥与父母之间可以和和气气地交流想法。若有矛盾,便好好交流,得体解决。

说起学校方面,我的班主任给我留下了深刻而美好的印象。尽管她异常严厉,但却是一个温情而善良的人。在我们遭遇校园生活方面的不适,抑或是学习的挫折与低谷时,她总会及时出现,与遇到麻烦的同学们悉心交流沟通,引导我们,鼓励我们。她这方面的口才虽非上佳,却总有一股热流在一言一语中涌动,将我们激励。

如何处理爱好与学习的关系

高一、高二的时候,学习还不是特别紧张,因为自己效率较高,还能匀出一点时间。所以常常在课业之余,沉浸在自己爱好的东西中。我在上面提到过,自己喜欢手工 DIY。在这其中,最爱现代折纸,用一张正方形纸,塑造各类事物。因其制作复杂,所以动辄就会耗费数小时的时间。高三学业压力增大,我便不得以停下了爱好，以便将自己宝贵的精力投入高三繁重的学业中去。不过偶尔还是会去折点小东西，体会折纸的乐趣。

我个人认为，在高一和高二前期，大家仍旧还有着一些空闲的时光，可以用来发展爱好，参与课外各式各样的活动来充实自我，掌握更多的技能。若是一味苦读，生活便有些过于单调和乏味。适当的调剂、休息十分必要。但高三的紧张已不容大家继续投入时间于爱好中，若是一意孤行，后果必然不堪设想。在那时，请暂时放下你已钻研许久的兴趣，不是放弃，在学习方面去坚持不懈向前进发，不让自己的高三留下遗憾。要是因沉迷于兴趣爱好中不能自拔，而毁掉了寒窗十多年的努力，你将追悔莫及。当然，在高三的日子里总有疲惫满身的时候，总有无力学习的时候，那种时候，用往日最为喜爱的东西来舒缓自己的身心，这也未尝不可。听闻有一所学校的一位同学爱好音乐，总在考试之后弹上一曲，用优美的乐章洗去心中的劳苦与忧愁。高三学习的日子里要学会适当放松，才不会被高三的繁忙击垮。

如何面对挫折与压力

在高中的生活里，总会有与你一样优秀、甚至超越你的同学；总会有艰涩难懂、自己无法短时间内攻克的学习任务；总会有考试失利、一落千丈的低谷。日子不可能一帆风顺，挫折与压力的到来在所难免，这些都是极为正常的。挫折和压力会带来痛苦，但又未尝不是成长路途中的试炼。毛虫欲破蛹化蝶，也需顶住包裹住它的那层蛹带给它的压力，在奋力挣扎后强壮了体魄，最终投入蓝天的怀抱。所以，请摆正心态，迎接高中的各式挑战。

首先，遇到困难时，需冷静地看待，客观地分析，找出自己受挫的根本原因，及时地采取补救措施，亡羊补牢，为时不晚。其次，将挫折看作成功的垫脚石，正是因为有挫折的存在，我们才能发现不足，吸取教训，变得更加成熟与聪慧。再次，将压力看作前行的动力，有了压力，才能不断向前超越。怀着积极乐观的心态，用辩证的眼光看待它们。最后，学会自我安慰，自我鼓舞，容忍挫折，心怀坦荡。

缓解压力有不少具体方法。向信得过的人们倾诉内心的苦闷；空闲时听听柔美的轻音乐，舒缓情绪；还可以在体育课上，痛痛快快地运动到大汗淋漓；又或是去睡上一觉，用睡眠排解忧虑。

总而言之，记住这句古话，用以激励自己："天将降大任于斯人也，必先苦其心志，劳其筋骨，饿其体肤，空乏其身，行拂乱其所为，所以动心忍性，增益其所不能。"

当然，以上这些学习经验和方法只是我个人的体会，学习这件事需要大家充分认识自我的优点与缺陷，根据自身的情况来制定相应的方法。我们需要在借鉴的基础上找到最适合自己的道路。希望我的这些经验可以帮到各位同学，帮你们圆中国重点大学之梦。

你就是那夜空中最亮的星

姓　　名： 岳　媛

毕业中学： 四川省荣县中学

录取院系： 法学院

记得刚上高中的时候，学校就拉着这样一条横幅：未名湖畔的桃花又开了。

三年后，我怀着对未名湖和博雅塔的向往，以一名北大法律人的身份继续求学问道，书写人生的新篇章。

从无边黑暗，到伸手就触碰到夜空中的星。我突然想起这三年的点点滴滴。高一的迷途，高二的苏醒，高三的卧薪尝胆，似乎三年时间一气呵成。曾经无数次落到谷底，又经历绝地反弹的我慢慢地学会了控制自己的情绪。我羡慕那些在庭前闲看花开花落的人，也想和他们一样漫随天上云卷云舒。

我庆幸我拥有一个积极上进的朋友圈子，从小学到高中我们都还在一起。我永远无法忘记那无数个晚自习过后，我们几个并排走在学校空旷的路面上，抬头就能看见夜空中的繁星。就像那首歌——《夜空中最亮的星》，似乎在那段教室和卧室两点一线的单调生活里，我能感受到的光亮就是对未来的希望。那种看着夜空中繁星的坚定眼神，就像我对燕园生活的追逐脚步一样，从未改变。

不求最好，但求最适合的路

当初想学心理学，方向是药物治疗，因为国外的心理学领域对一个学生的要求是生物学科要有绝对优势，所以我当时想读理科。初三毕业后的那个暑假，我阅读了大量心理学的书籍，认真整理自己的心得。周围的人可能会觉得我开始变得神神道道，变得多疑、敏感。这个方向真的适合你吗？我也无数次问自己。

高一上学期，觉得自己反正是读理科的，文科的课程学习便和大多数准备读理科的同学一样匆匆了事。而正是因为这样，我后面的两年高中生活都在为此懊悔，那段时间对文科学习的打幌子直接影响了我对其他学科的学习态度，那感觉简直像是噩梦的开始。

上课看课外书籍；整个作业版面做得红黑相间但其实没有一道题是自己的答案；午休时间用来追电视剧；晚自习就用来听音乐或者玩手机。渐渐地，我越来越懒散，越来越迷茫。常常深陷在泥沼不能自拔。那个冬天我曾经试过一个人在火炉旁静静待了一晚。火焰的耀眼，地板的冰凉，万籁的寂静，那种迷失和无奈的深刻，已经成为我生命中的烙印。

我继续每天的生活，早上火急火燎地赶着上早自习，晚上和同学比赛谁第一个冲出校门。偶尔会有辜负了青春的愧疚，便想努力规划自己的生活，决心赶夜车，每天熬夜看书做题。可是，想用三四个小时的时间来换别人十多个小时的成果，简直是痴人说梦。我努力冷静下来，却仍然没有方向。满屋子贴上了自己写的“幸福或许不排名次，但成功必排名次”“如果不逼自己一把，你很难知道自己有多么优秀”之类的鸡血话语，只求给自己一剂强心针。

学了一点，总好过一点都不学。我从最谷底上升，却必须承认，即使期末的时候获得了几百名的进步，但是我依旧没有找到自己的方向。那时候我想逃离当时的环境，我觉得是环境没有给我创造良好的学习条件。于是在分班的时候，即使当时的我更享受文字方面的浸浴，而不是理工科的数学符号的堆积，但为了逃避，我还是毅然决然在那张小纸条上写上了：理科。

那段时间，我和养育我十多年的姨妈吵架，搬到自己家里一个人住，这是叛逆；我代表班级参加了学校的艺术节而主动荒废了一个月的学习时间，这是逃避；下课就站在走廊上看人来人往又或者是跟着班上那群男生疯疯打打，这是混天过日……

当对自己的不满达到一个极限的时候，我决心要选择适合自己的路。也许你会问：在你做什么都失败，甚至连做什么都不知道的时候，怎样才是对的？怎样选择才是最合适的？

每个人都有他的答案和心得，但是就我个人来看，那时候的我，不再偏执于自己喜欢的事情，而将标准定为：我比较擅长而且不反感的事情。其中最重要的条件就是，当我从事这件事的时候，我能在一个团队中以佼佼者的身份起到独一无二的作用，事情进行的过程中，我能感觉到内心真正的愉悦。比如我在学习理化方面比较吃力，而在写文章、辩论比赛、演讲方面比较得心应手，所以我常常投入其中，忽略外在环境的变化和时间的流逝。那时候我已决心：我要选一个自己的强项作为我以后发展的方向！

所以我决心通过高考的历练，去获取一次选择自己未来方向的权利。与其高考后服从调剂到一个我不喜欢的专业，让我痛苦一辈子，倒不如在高考前去克服眼前所有的困难，熬过这一阵子。

记得有句话是这么说的："6月8号之前你左右高考；6月8号之后高考左右你。"

目标决定你的航向。常常有人讨论高考的目的。我认为：对于国家，这是选拔人才；对于老师和家长，这是对教育成果的检验；对于学生自己，则是人生筹码的累积。所以，高考有它的必要性，毕竟我们大多数人还是要走这条路去通往未来。你越优秀，选择的余地就越大。

我开始坚守自己心态的平和、身体的健康、学习的上进，坚守梦想以及我最初和最终的向往。我坚信：把该坚守的都守住，该做到的都做到，成绩和分数自然如期而至。

如果想达成最终的目标,就有必要把目标细化成许多分散的部分。我把自己的目标分成长期目标和短期目标。所以如果我想要上北大,想要选一个自己喜欢的专业来决定我的后半生,从现在起就必须规划我每天的生活,细化到我做的每一件事情都必须对于我的高考成绩利益最大化。

我想:只有走最适合自己的路,才能成为那条路上的夜空中最亮的星。

最强壮的肌肉是你的心

记得鲁迅在《伤逝》中说过:"第一,便是生活。人必生活着,爱才有所附丽。"我想过要不要把这段经历写出来,但最后觉得能使你成长的经历就该和别人分享。

在那个十七八岁的年纪,最单纯最不食生活盐米的阶段,我们才能真正完整地爱上一个人。那种感觉就好像在你年幼时,病毒进入了你的身体,几年后,身体里面没有消化这种病毒的抗体,于是这种病毒出不去,别的病毒也难再进入这块地方了。

那一年,我为他留的位置,为他秀的长发,为他学的钢琴,我曾一次又一次在人群中一眼找到他,又或者是一次又一次穿梭在我们曾一起路过的小巷……这些我一个人经历的心绪似乎都成了最美好的回忆。不过,不是每个程又青都会被李大仁感动,更多的时候,只能有一个"捧花的我盛装出席却只为献礼"的结局。爱是本能,是我们对世界的回报。没有早或晚,只有彻底与不彻底。

我说出了自己最压抑、最深处的秘密,可是故事的最后,他选择了继续喜欢更加优秀的她。那天下午,酒红般的夕阳照在他的脸上,沉默了一会儿,他转身离开了,留下了不知所措的我。而那时候,我也相信了“最理想的爱情应该是，和另一半一同走向优秀”。

我想努力恢复以前的生活，恢复以前的平静，假装若无其事。

可是那段他刻意避开我的时光是如此难熬，我开始感觉到，原来心真的会痛。当我用最乐观的态度作为自己的铠甲，却仍然有这么一个人，能够用最熟悉的笑容，柔软地插进我的心脏。

如果真的上进的人更喜欢靠近优秀的人。那么，这一切只因为我还不够优秀。

为了让自己看起来信心满满，战斗力十足，我开始把自己埋在题堆里面，刻意注意自己的一言一行。心里常常难过到以为已经不能承受，但熬过了那段时光之后，又觉得其实站起来并没那么困难。我把注意力放在对自我提升有益的事情上，生怕荒废高中的青春。

我每天早上起来就背单词，常常因为赶着背完一整篇单词而在上学路上一路狂奔；上课的笔记也慢慢多起来，企图通过不断地重复增强对知识点的把握；下午放学的空档就到后操场跑上四五圈之后再打篮球或者跳绳；晚自习要么做作业要么看错题……总之就是让自己忙到没有心思去想别的事，而正在忙的事情是对未来大有裨益的。

有人说过：“最强壮的肌肉是你的心。”所以那时候的我才甘心忍受一次又一次的历练。闺蜜告诉我：“爱一个人八分刚刚好，剩下两分用来爱自己。如果在一段感情里面迷失了自我，连自己都不爱了，那谁会来爱你？”于是，我选择耐住这段时光，祈祷这是一次成功的磨炼。后来李大仁和程又青做回了朋友，我们还是和以前一样，我偶尔会为了他去参加周末自习，偶尔为了多看他几眼就在后操场多跑几圈。我选择一切能让自己优秀的方式，与以前不同的是，他成了我的动力,而不是我的目的。这一次,我为自己而战。

爱若难以放进手里,何不把将这双手放进心里。我还在努力着,希望能以一个优秀的我,遇到优秀的下一位。不疾不徐,不紧不慢。等待也是一类必修课。

你是黑马,没有任何阻碍可以羁绊你的铁蹄

记得上一届高考结束的那天晚上,我就在自己的目标本上写上了这么一句话:“我认为我已经是高三学生了。”

我曾经优秀过,但那只是曾经。但我现在想变得优秀,比以前还要优秀。我想成为一匹驰骋在青青草原之上的黑马,呼叫着告诉全世界——我要上北大!

无论跌到多么深的谷底,我都相信绝地反弹这回事是真实的存在。既然存在,那么为什么不能在我身上存在?记得有句台词:“生活就像一个二次函数,无论开口向上还是向下,都会有低谷和高峰。当事情跌落到一团糟的境地时,下一时刻便正是你上升最快的时刻。”无论遭受多少打击,无论我哭到崩溃过多少次,我都不会放弃。

我相信,只要我一步一个脚印,一定会成为那个最耀眼的黑马。

把“我想成为”变成“我会成为”,就必须有一种“舍得一身剐,敢把皇帝拉下马”的决心和毅力去脚踏实地实践并完成。

于是在高三的最后阶段我整个人都泡在了书堆里,马不停蹄地完成一套又一套题,争取每两三天就完成一套高考的题型。有时候会发现卷子多得根本写不完,我就开始把相同类型的卷子分到一起用订书机订起来,争取一天完成一种题型。记得到高考结

束之前，我把我手头卷子上的三角函数、数列、立体几何全部做了一遍。旁边都有红笔同步批注，几乎每周都会和它们重新见一次面，在草稿本上再把它们的过程全部重现一遍。重复的力量不可小觑，它可以让人从不会做到会做，从做得慢到得心应手。的确，每次考试下来前三道题一气呵成，得分率高和速度快不仅弥补前面选择填空题的粗心失误和后面大题因难度太大失去的分数，也让自己的心里有了底，心态得到了保证。

接下来我开始狂背死知识：字音字形、免疫方式、氧化还原。常常拿着几本资料和一本作业本做知识整理。直到高考理综考试前一天，我都还在用奋笔疾书知识点的方式来缓解自己的紧张和不知所措。在那个阶段，我最爱的便是上自习。那种什么事情都能自己来安排的时间，无疑是赶超别人的最好时间。每时每刻都在和时间追逐，中午饭之后的午休时间我选择了去自习室继续“战斗”。偶尔遇到体育课时间刚好是下午第一节课，我就把午休时间和下午第一节课的时间连在一起，直接安排成了自己完成一套完整的试卷的时间。晚饭后和晚自习开始前大概有半个钟头，我就用来批改当天中午做的试卷或者是完成一套选择填空题。我们学校开放的自习室成了我的常驻营地。总之，那段下一刻永远有事做的时光，是我感到自我实现最完整的时光。

那时候我才发现，黑马并不是说说而已，而是自己去经历埋头苦干，不会有任何人的感同身受和陪伴，还要同时感受孤独和疲惫的极限。

我记得有次急急忙忙赶到自习室，脑袋困到嗡嗡作响，写字都已经接近没有知觉了。我趴在课桌上小憩了几分钟，又担心浪费自习时间，于是长舒一口气决心马上清醒！我不知道在崩溃的边缘自己哪来的毅力，或许父母此时此刻都还在为我打拼，这就是我必须坚持下去的理由。那刻我发现其实所经历的辛酸和难熬都要靠“再多撑一下”的信念继续下去，直到站在最高的舞台，发出最耀眼的光芒。

诚然，我们的生活里不能只有学习、成绩、分数。高考绝对不是孤注一掷，也并不能算我们生命中最重要的东西。但是，想要成为一匹黑马就必须付出相应的代价，要有“不破楼兰终不还”的精神。高三生活越单纯越好，特别是在最后阶段，让我们的生活就只有学习。无数人已经证明，在学习方面，勤能补拙。“没有方法，就用时间来弥补，没有时间，就挤出时间。”

高中三年，不是三天、三个星期、三个月。在这三年里，若是浑浑噩噩地过，纵使再多给你三十年也不够。要想获得高考成功，就要抛掉过去让自己失败的学习习惯和生活态度，拿出更多激情，拿出你青春的全部疯狂！

有人说：你不约会、不恋爱、不出去玩、不逛街、不疯、不闹、不叛逆、不追星、不暗恋、不表白、不喝酒、不聚会、不 K 歌，你的青春被狗吃了吗？

而在我身上，我可以经历青春，但如果我一直将这种青春过下去，我的青春，狗还愿意吃吗？

在逐梦之路上，别忘了答应自己要做的事情，别忘了自己要去的地方，无论有多远，有多难。将来的你一定会感谢现在拼命努力的自己！

这个夏天结束，我将在燕园开启新的旅程。我还想成为夜空中最亮的星。

愿，我能，你也能！

我的高中

姓　　名： 岳　壮

毕业中学： 内蒙古呼和浩特市第二中学

录取院系： 工学院

获奖情况： 全国中学生英语能力竞赛三等奖

物理奥林匹克竞赛省级三等奖

化学奥林匹克竞赛省级三等奖

借这篇文章，我想分享一些我的高中经历，或许会有可引为经验或教训之处。

中考过后，我进入呼市二中，学校和班级的氛围对我产生了非常大的影响。同学的互助、老师的引导、学校的关注……这些无一不是我高中收获的巨大财富。当然，这些也许是很多优秀学校的共性，只需要我们心怀感恩，最大限度地发现身边的美好。无论我们收获怎样的成绩，日后走向哪里，感恩，永远是我们心中最深刻的主题。

感恩最深，理想最远

我们都很清楚理想和信念对一个人的作用。就我而言，并不是在高中，而是在很早以前，在我还没有真正了解其难度时，就已经将北大作为了我高考的目标。后来，我也一直保持着这样制定目标的习惯：总把目标定得看似遥不可及。我相信，如果向着高目标去努力，即使失败，也很可能到达略低一些的位置；但如果刚开始就把低一些的位置定为目标，也许最终仅是勉强完成目标也十分艰难。学习过程中，我们总需要一些自己制造的压力和随之而来的发自内心的强大动力。制定高一些的目标不失为一个好方法。

有了目标，还需要有达到目标的具体方法。在高中，我十分重视多角度学习同一个知识点这种方法。为做到这一点，我常在课后与同学交流，并参加各科补课班，希望通过两个老师的不同讲解来加深自己对问题的理解。三年下来，我感觉这样的确很有效，不仅为我夯实了基础，也给了我对一些问题的进一步理解。需要澄清的是，我积极参加外班老师的补课，绝不是因为自己班老师水平不高。实际正相反，我的每一位老师都经验十足。我这样做只是追求一种新思路，为考试中可能出现的变化提供一些应对策略。

我的另一个可以交流的经验是关于学习时间的安排。进入高中，起早贪黑几乎是每一个学生都会经历的情况。在高一、高二时，我也经历了从晚上十一点到十二点再到深夜一两点的过程。虽然一直能坚持，但有时会对第二天的前几节课产生一些影响。时间一长，这种影响就很难忽略了。后来，我接受老师的建议，晚上早睡，中午不睡。这样做有两个原因。第一，中午时间较短，再加上各种因素导致一下子睡不着，实际上睡的时间并不长，而如果用中午时间来学习，在食堂吃过饭后直接去图书馆上自习，至少能学两个小时。第二，我们的时间安排该考虑与高考尽可能相合，高考当天虽然中午时间更充足，但在高考压力下中午很可能睡不着或睡不好，平时习惯了中午睡觉，高考时难免会受到影响。另外，中午不睡还有一个好处，那便是这些时间可以稳定地分配给英语和语文。我一直感觉英语和语文的学习没有什么诀窍，只是每日如一地给这两科分配时间，最终自然会有收获。中午时间比较特殊，学习其他科目的效率都比较低，正好给我们提供稳定的学习英语和语文的时间。

接下来谈一谈如何面对诱惑。学习压力一天天增大，想要真正取得进步，就必须重视每一天，步步为营。而在学习过程中，一些诱惑让人一整天无心认真学习实属正常，诱惑早已成为我们学习与进步的大敌。高一时我曾经一度迷恋网络小说，那是我学习历程中最黑暗的一段日子。刚开始只是睡觉前看几十分钟，随即愈演愈烈，甚至有过连续几天用手机看小说到凌晨四五点钟的情况。晚上睡不够，自然得白天补觉，我数次课上勉强打起精神听课的情况被班主任察觉。老师找我谈话几次后，我说出了实情。让我至今感激的是老师并没有批评我，也没有告诉家长，只是给我讲明道理，一再叮嘱我不能再犯。老师对我的关怀实在让我无地自容。当天回家后，经过反复考虑，我将手机交给爷爷，从此后高中接近三年，我不再持有属于自己的手机，即使真的需要与人联系，我也会用后交还。

经历了这件事，除了对老师的感激，我也对诱惑有了新的认识。我感觉，面对诱惑，每个人都有“理智期”和“非理智期”。在“理智期”，我们知晓自己的任务所在，对诱惑有着极高的抗拒性；而在“非理智期”，人与人之间并无差别，会为了一时的心情放松而暂时忽略一切。因此，面对诱惑，一方面，我们必须明确自己的理想和目标，坚定步步为营、努力向前的志向，并时刻提醒自己陷入诱惑后的恶果，从而使“理智期”延长；另一方面，我们必须在“理智期”未雨绸缪，创造一系列不利于诱惑滋长的条件，从而使自己即使进入“非理智期”，也不得不与诱惑远离。这样看来，我们无时无刻不在与诱惑斗争，而斗争结果在很大程度上决定我们日后到底能走多远。

还有一件事需要提到。刚刚进入高三时，我不慎被开水烫伤双脚，右脚较严重，无法弯曲和触地。在这种情况下，我想到了让同学帮忙录下一天的课，我在家里听，尽量与其他同学保持进度相齐。但与父母商量后，我们最终决定坚持去学校。在接下来的一个月，我在家人的帮助下，利用双拐，每日坚持到校，包括自习在内，未耽误一节课。对这件事，一方面，我充分认识到好的氛围对一个人的重要作用，没有家人、老师以及同学的关怀，我这一个月很难坚持下来；另一方面，我看到了方法的重要性，同样是选择坚持，我的父母为我选择了最好的方法，即使因伤在校效率不高，我们也选择到校，时刻感受班级内的浓厚学习氛围。这次坚持对我日后的学习影响很大，它让我知道，有时，真的不是我们的天赋有多好，而是我们的心有多强。

以上就是我高中里的一些经历，能进入北大，偶然因素必然存在。但回首这些经历，我还是可以从偶然中，看到属于我的那些必然。

每一份经历都可以视为是一种实践，要实现自己的目标，需要实践上的果决，亦需要理论对实践的充实。接下来，我将从三方面，具体介绍我高中的一些学习思路。

选择

我能在高考中取得好成绩，在压力下从容地展现自我，得益于我学习过程中做出的几次正确的选择。

我高中的物理老师李宏斌曾说过一句让我十分受益的话："不要当一个赌徒。"高三复习过程中我们在物理选修上一直侧重于动量部分，做了大量相关的习题，按历年高考情况来看是不会出现任何问题的。而在备考最为紧张的高三下半学期，李老师建议我们认真准备有关波的内容，不要以历年高考情况为筹码，赌上自己的前途。反复考虑之后，我按老师所说重新规划复习。高考考场上，面对动量选修毫无头绪的我立即转向波，不仅做出了题目，更稳定了自己的心态，使我在高考甚至人生路上走出了重要一步。

从这件事上我得到的启发是：面对人生的变化莫测，我们最好的选择是多方面做好准备，哪怕为此付出更大的努力；而不是为一时轻松选择当一个赌徒，使自己被命运玩弄于股掌之间。

显然，我们身边充满选择。有的选择虽然做起来不容易，但实施起来并不十分困难。而还有一些选择不仅难以实施，甚至很难被我们发现它的存在。正是这样的选择潜移默化地改变着我们。

曾听到有人抱怨自己高三每天起早贪黑，拼尽全力地去学习，却仍然无法提高自己的成绩。其实，这种情况实属正常。进入高三，几乎每个人都有了巨大的危机感，高三冲刺无果不是因为自己不够努力，而是因为所有人都在努力。在高三才开始赶超的人其实是做了一个很难产生较大影响的选择。

在我看来，真正决定一个人的高度的选择并不发生在局势紧迫时，面对许多早在高一甚至更早时就全力拼搏的人，高三才紧张起来已很难产生大的影响。这就是一种选择，一种可以早面对，亦可以晚承担的特殊选择。但只有那些早早做出选择并执行到底的人才能找到提升自我的钥匙，为自己的未来提供更多的选择机会。

总结

在整个高中，总结这种方法对我起到了不可替代的作用，尤其是在高三，通过看总结来梳理思路的做法使我受益良多。

有不少人认同总结的好处，而真正进行总结并从中受益的人却并不多。主要原因在于总结这种做法的好处短期之内很难体现出来，它的威力只会随时间慢慢积淀下来。此外，总结过程中的深入思考加上多次的复习对时间也有着巨大的消耗。

针对这些问题，我认为我们可以尽量简化总结时的书面内容，如果可以，最好只在本上写自己从某道题上得到的新思路，原题则不抄或剪贴，避免在书写上花太多时间。相反，对总结的高频率复习必须投入大量时间，以削弱缺少例题和解答而事后易忘的弊端。

多抽时间看总结，直到达到看到思路就能想起对应的题目的地步。这样总结的作用才能真正地发挥出来。

具体到各科，数学、物理侧重新思路；化学、生物侧重易忽视的知识点；语文、英语的侧重面则较广，需要在多方面进行长时间的积累。

当然，这并不是说其他方面就不重要，很多细节上的问题是每一科都需要重视的。需要强调的是，当频繁出现某一类“低级”错误时，如计算过程中丢掉平方，计算结果数量级有误等，不要小看这些问题。这可能是因为自己在草稿纸的使用和解题习惯上出现了问题。在考场上这类问题导致的失分又多又让人难以接受。遇到这些情况，一定要及时找出原因，并认真总结，平时的简单几笔很可能成为考试时的制胜法宝。

姿态

众所周知，在我们的学习和生活中，心态是十分重要的。而在很多时候，我们的心态取决于我们的姿态。

刚刚进入高三时，我曾在一次考试中取得了之前难以想象的好成绩。我没有因此而骄傲，反而更加努力，希望能借此取得更大的突破。让我失望的是，在后面一次考试中，我竟收获了一个完全出乎意料的糟糕成绩。我反复思索，究竟在什么地方出现了问题，那段时间我确实一直很努力，当真想不明白我错在哪里。于是，我带着疑问向一直以来班里各方面都极优秀的一名同学求助。了解了我的情况后，他并没有深入询问我的学习方法，而是直接问我上一次获得好成绩后是否有姿态上的变化。这次谈话使我豁然开朗，可以说彻底改变了我的高中生活。

当时那位同学给我的建议是：永远不要做一个防守者，无论收获怎样的成绩，都要保持进攻姿态。的确，如果我们因一时的进步就想着保住自己这次得到的优势，就会在面对题目时患得患失，不敢轻易下手，亦不敢轻易放弃，从而使自己在考场上的心态受到极大影响，自然会遭受极大的退步。较好的做法是无论之前取得什么样的成绩，都将其忽略，保持进攻姿态，只想着像一个战士一样发挥出自己全部所长，去争取自己可能拥有的最大胜利。这样，我们才能胜不骄，败不馁，不给自己丝毫留遗憾的可能。

至此，我的学习方法介绍完毕。衷心希望每一个追梦人都能稳步向前，实现自己的人生理想。

我的学习心得

姓　　名： 张　亮

毕业中学： 北京市陈经纶中学

录取院系： 信息科学技术学院

获奖情况： 捷克国际合唱比赛男声合唱金奖、小合唱金奖

全国合唱比赛一等奖

全国物理竞赛三等奖

北京市物理171杯二等奖

非常高兴能够进入中国最好的大学——北京大学学习，也终于实现了自己的北大梦！在此，我想谈谈自己的学习经验和方法。希望能够对学弟学妹们有一点帮助，也愿你们能实现自己的梦想，学业有成！

首先，无论是学习知识还是学习技能，都不是埋头死学就能出成绩，也不是盲目瞎学就能出结果。学习要明确自己的目标，不能什么东西都想学；也要找到适合自己的学习方式，告别曾经的苦学于书本的学习模式。以我自己和身边的同学为例，我就读的班级，应该算是学霸成群，考神成伍。在班里我成绩不算拔尖，有不少人都比我优秀。他们经常是下了课就像是上了自习课，坐在座位上埋头写作业，除了上厕所，几乎连喝水时另一只手也握着笔，问他们这么拼命写作业那回家干什么呢，他们说回家还要做套卷、写课外课作业等一些自己加的学习计划，真的是很忙很忙。而我呢，上了高中就没再上过课外课，平时就是上课好好听讲，按照自己的方式记一下笔记，晚上回家认真完成老师留的作业，然后自己加一些背单词、背古诗等不用笔的背诵作业。相比之下，我的学习生活可真是挺轻松的。因为我认为，取得好成绩不是全部取决于有多拼命学习，如果找到适合自己的学习方法，定一个自己的学习目标，或许能事半功倍。所谓“事半”，就是在有限的时间内，做自己觉得利益最大化的事。比如今天晚上写完作业，决定再学一个小时，可以在这一个小时里背单词，把所有词的百分之七十至百分之八十全部记住，那么这一个小时就已经充分利用了，不必要在一个小时里安排太多任务，否则效率不会太高。

而在学校，我认为更应该注重“事半”。平时上课，也是有方法的，如果能够找到适合自己的学习方法，也可以做到事半功倍。

上课时，其实最重要的是两件事，一是认真听，二是勤思考。做好这两项，我认为就可以做到“事半”了。认真听，就是在上课的四十分钟里，注意力保持高度的集中，尽量不落下老师所说的每一句话，同学的发言也要仔细听，因为很可能某一句能启发你，甚至让你在一系列问题上都能开窍。在认真听的基础上，就要思考了。课堂上脑子要动起来，老师提的每一个问题，说的每一个新的知识或者方法，都要积极运用大脑问三个问题：是什么？为什么？怎么样？当老师提出了一个新的知识点时，首先要知道它是什么，是全新的知识呢？还是老知识迁移过来的？与之前学过的有没有关系？它是什么意思？这些都是“是什么”里需要问自己的，这样才能清楚自己在学什么，这也是最基础的。之后可能有些人就停止了思考，但我认为现在才是大脑运转的最高峰。“为什么”是自己比较独立的思考阶段，这时候是自己提出问题，自己寻觅答案的时候。问自己为什么会有这个知识，为什么它是这样的，然后自己努力去思考，说不定会获得比书本上更有用的东西，也能让自己对新知识和新方法更加适应。第三就是“怎么样”了。如果说前两问都是纸上谈兵，那“怎么样”就是应用了。问问自己怎么样，可以帮助自己加快运用新事物的速度，使自己更加熟练地运用。怎么样使用这个新方法？怎么样使用这个新知识解决问题？怎么样使用它能够让做题更简便？这些都是“怎么样”时可以想的。完成了这三个问题，我想课堂上你的大脑就不会闲着没事了。这样参与思考，既能让你融入课堂，长期这么做还能强化你的思维，提高适应新事物、观察事物、解决问题的能力，以此来培养学习素质。这样认真听、勤思考，才能使自己成为课堂的主人。打开思路，与知识沟通，这样就可以在课堂上事半功倍！

其次，我想谈一下笔记这方面。笔记，我觉得是记录思考过程、学习内容、知识积累等必不可缺的一个学习工具。但是有很多人，包括我身边学习很好的同学，都误解了笔记的本意，错误地使用也没能让它发挥最大的作用。很多人是这样记笔记的：上课的时候，老师在黑板上写什么就在笔记本上记什么，全部照抄。笔记记得十分工整，也很漂亮，但我个人觉得这样其实用处并不大。因为如果只是把老师讲的知识从黑板上誊写到了本子上，那就如同照相一样，只是你帮老师把它从黑板搬到本子上，知识还是老师的，而不是自己的，只是 receive，而非 accept。这样不仅占用了时间，也花费精力。我认为，记笔记首先应该确保笔记是自己的，也就是说应该将老师所讲的东西先尝试去吸收，再记一些自己觉得有帮助的东西。内容可以是自己暂时还没有吸收，以便回家后可以再回顾、再领悟的，这些应该算是知识类的笔记；也可以是自己觉得上课讲的最精彩、最值得记下来以后用得上的，比如说某一种解题思路、解题技巧、审题方式等，这些应该算是技能类的笔记；还可以是自己上课时所想的抽象化思维，像上文说的"是什么、为什么、怎么样"这些只有自己想才能得到的抽象答案，将它们记录下来，以后再看，就能更清楚地回忆起当时的所想，这应该算是思路性笔记。知识类笔记比较基础，技能类笔记比较实用，思路性笔记则最为重要，无论是哪一种，我认为都比照搬板书更有用。这样的笔记，当复习时翻看时，能有更好的效果，回顾不牢固的知识，重温适应自己的技能方法，还能通过当时的思路与不同时空的思维对话，产生共鸣。如此一来，笔记将会是自己最有用的学习工具，记好笔记，事半功倍。

再次，我想谈一下自己对考试的看法。考试是一种对自己能力的测试，是对自己一个阶段的学习效果的检验。很多人把它当作是一种负担、一种压力，从而惧怕考试，惧怕考试后不好的结果。我之前也是这样。在初中时，算上期中和期末，四个月的学习，每一个月都会有一次考试，那时我很不适应。考试那么频繁，而且每次考试完还要年级排名，一些惧怕心理就不由而生。考试成为学习的一种负担，这与设立考试的目的背道而驰。大概过了一个学期左右，我开始转变自己对考试的看法，我努力劝自己，考试其实就是一种评估自己能力的手段，它一点都不可怕，它是一面镜子，能够让我看清自己，从而找到不足，提升能力。总这样想，发现考试渐渐也不那么可怕了，而且成绩还逐步上升，排名也越来越靠前。那时我才发现，考试成绩好坏，一方面取决于自身实力，另一方面其实取决于心态，也就是如何看待考试。考试就是检验，做考试卷子，就和在另一个地点做作业是一样的。所以用平常心面对每一次考试，才能亮出真实的自己。不要过于紧张和恐惧，加一些鼓励自己的心理暗示，正确看待考试，考试才能发挥它的作用。考试结束后，无论成绩好与坏，进步还是退步，都尽量不要让主观情绪占据自己心里，要及时作出客观评价。考好不要太高兴，要分析自己这次考试哪科有进步，是学习方法起作用了，还是这阶段自己领悟比较好；考坏也不要伤心，要准确分析为什么没有考好，在哪出了问题，是对知识没有理解，还是运用生疏，还是考试技巧不对，比如审题不清、计算马虎等。总而言之，做好考试分析，通过考试找到自己的缺点或是适合自己的学习方法，甚至可以通过考试找到自信，这些才是考试后应该做的。

最后，我想跟大家介绍一下我的三个小本：错题本、单词本、记事本。

首先是错题本。做题难免会有做错的时候，不过错题也分很多种类，比如是审题马虎错了，知识点记错了，还是这道题就不会做等。错题本可以记后两种错题。若是知识点记错了，要简单记一下题目，然后把这块知识点记下来，把遗漏地方重点标记，以后再看错题本时就能加深记忆；若是这道错题自己根本就没什么思路，那多半是做题技巧上出了问题，要较为详细的把题抄录下来，然后把解题答案写下来，并在答案旁边注上自己哪里卡壳了，或者哪儿没有想到，思路偏了。多记一些思维上的东西，这样多看多想，以后再遇到同类问题，多少能再打开一些思路。但千万不要在错题本上只是抄题和答案，一定要写怎么错的，有什么心得领悟，这才能起到错题本的作用。

其次是单词本，这是我学习英语最有用的一把利器。之前，我英语一直不太好，到了高三，英语甚至成了给我拉分的一科。其实我的语法和听力成绩都还行，就是完形题和阅读题会丢很多分，估计是单词量不够，于是我开始背单词。用书背单词，经常是会的不会的混在一起，往往把会的也看一遍，不会的反而没有时间集中背，于是我决定把自己不会的词找一个本子记下来，在隔页记下意思，这样既可以在背诵的时候不直接看到中文，也可以再想看中文的时候方便翻到。可以按照自己喜好，把易混词汇记在一起，或者把意思相近的词放在一起，还可以在本子上记下相关联的词组，以及词组不同的意思。这种联想记忆法非常有助于背单词。在使用单词本短短一个月后，我的英语水平直线上升，从 100 分出头稳定在 135 分左右。因此我认为单词本还是很有用处的。

最后一个小本是记事本。使用记事本是我从小学就培养出的好习惯，让我受益匪浅！在记事本上，可以记很多方面内容。在学校可以记作业，记需要问老师的问题，也可以记需要回家查询的资料内容，以防回家后忘记了。而在家呢，可以把做作业或预习看书所产生的问题记录下来，第二天问老师。除此之外，记事本还可以记很多学习之外的事儿，比如第二天要认真听讲，要做到在学校写完一项作业，要按时喝水等一些目标、暗示、琐碎的小事。有了记事本，不仅可以让自己不忘记东西，好记性不如烂笔头，还能培养自己注意细节，做事严谨的好习惯，可谓一举多得。

以上就是我总结的一小部分学习经验，希望能对你有帮助！其实每个人都有自己的学习方法和学习经验，我的经验不一定比大家的好，也不一定适合所有人，我只是从多种角度说一些对我有帮助的东西，大家可以尝试，或者能对大家稍微有一点小启发。其实方法和技巧说得再多，都没有兴趣和爱好来得更有用，还是希望大家将学习变成一种兴趣、一种爱好，把知识当作自己求知的欲望，把方法看作提升自己素质的途径，多这样想，也许不知不觉你已有了超越这一切纸上谈兵的学习方法的方法。所以，希望大家不是被动地学习，而是做自己的主人，享受学习过的过程，感受自己的成长！最后，希望大家在读了小文后能有收获，并且在今后的学习和生活中，步步为营，日日进步，点滴做起，金榜题名！

因为梦想，所以坚持

姓　　名： 张梦茹

毕业中学： 河南省林州市第一中学

录取院系： 心理学系

获奖情况： 第五届全国中学生数理化学科能力展示活动河南省化学一等奖，物理二等奖

第四届全国中学生数理化学科能力展示活动河南省物理一等奖，数学二等奖

收到通知书的那天早上，我和我爸爸站在邮局门口，很高兴地为通知书拍了很多照片，就连那天早上的阳光我也觉得格外的明媚。怀抱着通知书回到家，心情依旧像漫步在云端，幸福的飘飘然。

看着我的书桌，抚摸着我高中三年的课本和资料，觉得自己真的是值得的。课本和资料摞起来占了半个书房，整个高中我一笔一画地记了十几本的笔记，做了一张张密密麻麻的试卷，现在回首，往事依旧历历在目。

高一入学时，我妈对我说：高中厉害的人会很多，你又要强，会很累的。我笑了笑，以最平常的心态迈进了校门。在这个班集体里，每个人都是那么的优秀，我陷入了深深的自卑当中，不如别人聪明，不如别人基础好，没有那么文艺范儿，也不是什么大神。我买了很多的本子，然后一遍又一遍的整理错题。我觉得函数很难，就提前预习，把两本资料做了两遍，把不会做的题做了十几遍。一个星期以后，我比老师的进度快了三四节课，这也保证了我有更多的时间来消化和整理知识。我觉得自己记性不好，就把老师上课说的每句话都记了下来。我觉得自己做题比较慢，中午就少睡二十分钟，多做一道数学大题。那个时候，我最享受也是最幸福的时刻就是自习课上我认认真真地钻研一道难题，然后把它做了出来。

功夫不负有心人，我在补课结束的摸底考试里考了年级第一名。那是我进入高中后考的第一次第一，我看到了方向，看到了光明，然后更加拼命地向着我的梦想奋力前进。

有一次班会，班主任让我们写理想，我果断地写了北大，我就是喜欢北大，没有理由的喜欢。后来有人问我理想的大学是哪所时，我都是斩钉截铁地说“北大！”现在想来，北大真的是作为我的梦想，支撑着我一步一步地走下来的。

高一下学期分文理科，文科中我的历史比较差，而理科中我的化学很不好，所以当时我纠结了很久。后来征求了父母和班主任的意见，在意见表上填下了理科。虽然选定了理科，但化学确实是我的硬伤，于是想尽一切办法提高我的化学水平。化学的知识点比较零碎，我就把做题时遇到的没见过的知识点都抄到了课本上的相应章节，一有时间就翻看。每节课下课后我都会在座位上再坐一会儿，把老师这节课讲的内容从头到尾地回想一遍。如果有什么不确定或者想不起来的地方，就再看一遍，以加深印象。这样坚持下来，我的化学渐渐不再是原来惨不忍睹的模样了。

高二的时候，一直以来顺风顺水的我遭遇了高中的第一次打击，考了年级第十九名。那天晚上我写了很长一篇日记，然后去找班主任谈了很久。最后，我在本子上写下了“北大”两个字，然后更加努力。整个高二，我几乎每天都会用完一支笔芯，一闲下来就去阅览室买资料做。我也不记得当时自己到底有多疯狂，只记得每次累了，就看看本子上的“北大”两个字，然后问自己：你真的就只有这样而已吗？不想再多努力一下，不想再往前进一步吗？有的时候压力大得想哭，有的时候真的觉得自己已经坚持不下去了，但是每当我想要有一丝懈怠的时候，都会看到我亲爱的队友们还在奋力拼搏着，为了各自的梦想不顾一切地努力着，我就会觉得自己这么轻易放弃实在是太对不起自己当初的豪言壮语了。狠狠地鄙视了自己一通之后，把 QQ 的签名改成了：自己选择的路，就算跪着也要走完。我想有一天能够骄傲而且自豪地说出“我的北大”这四个字，所以我不能有所畏惧，更不能后退。

高二的暑假我参加了北大的体验营，见到了来自全国各地的大神们。他们有的多才多艺；有的博览群书……面对着各种各样的厉害人物，我深深地感受到了自己的不足。当我看着他们闪着自信光芒的微笑面容时，我发誓我一定要成为他们当中的一员。漫步在北大的校园里，看着北大的学姐学长们探讨学术，参加北大教授的讲座……我又觉得我距离我的梦想这么近，触手可及的距离。

从夏令营回来以后的日子却把我的美好感觉粉碎得一干二净。返校之后，我接连四次考试都是三四十名，物理选择题无论怎么选最后都是错的。一次又一次的打击之下，我处于一种极度的不安和焦虑之中，我开始害怕考试，害怕面对老师，害怕面对自己，更害怕面对我的梦想。

课上老师关切的眼神，一遍又一遍地确认我没有任何的问题。课下老师耐心地讲解，尽力帮助我度过低谷期。而我只能在自习课上不停地刷题，希望自己的努力可以换来上天的眷顾。可是每到考试我就发现自己的努力又一次被现实无情地打了一个叉号。我开始怀疑自己，质疑自己到底是不是做了正确的选择。我真的真的不想也不甘心止步于此，就这样悄无声息地淹没在芸芸众生之间。所以我只能再努力一些，再往前走一步，不管这一步究竟有多小。只要保证自己一直在前进，我就不会后悔。

高三第一次大型考试之前，班主任和我谈了一次心，她开门见山地问我："你是真的非北大不上吗？你真的想上北大想到一种不顾一切的地步吗？"我沉默了一会，入学以来的酸甜苦辣依旧历历在目，我发现我内心深处的自己是真的不想放弃，更不想让自己拼命走到现在的一切努力都付诸东流。我们平心静气地谈了好久。最后，我决定抛开所有人对我的期待，只是为了自己，为了那个从内心深处爱着北大的自己而继续义无反顾地拼搏。班主任又一次地帮我确定了自己的方向，让迷茫的我能够再次向着一个方向前进。

期中考试之前是清华的领军计划评选，我的总成绩排第四。期中考试过后，是北大校长实名推荐制的评选，我要想得到这个名额，就必须在期中考试中超过前两个人。在大家水平都差不多的情况下，想要一次考试超过别人二十多分，说难不难，可也确实不简单。但我对北大的满心向往由不得我考虑这么多，我只能继续拼命。考试前的一个星期，从来到学校一直到离开学校，我一直坐在座位上，上课的时候除了听老师讲课就是抓紧一分一秒的时间去刷题。几乎从不在家学习的我，晚上回家后也是迅速地洗漱好就直接坐在床上背书。一个星期内我没有和同学说一句废话。就这样疯狂了一个星期，直到最后走进考场的时候，我没有任何杂念，只是把自己最好的水平发挥了出来。最后的结果也真的是不负我的努力。

然后整个高三都是在疯狂刷题中度过，学校发的每一张试卷我都做过。阅览室里的资料，除了一些比较简单的以外，我几乎都做过。以至于我最后再去阅览室还要等着资料的更新。我们都是追梦的孩子，为了心中的未来，不惧风雨，不畏艰难，只愿依靠自己的力量，一步一步地往前走，期待着离梦想更近一点，再近一点。

进入百日冲刺后，我把高考前我需要背的知识全部写下来，然后根据任务量分到每天的早自习上。疯狂刷试卷的时候，我也规定自己必须在一定时间内做完一套试卷。在平时下课的零碎时间里，我一般都会选择翻看错题本。做题的时候，如果突然想起来哪个知识点不太清楚，我会先把它记下来，等做完试卷以后再重新记忆那个知识点。阅读英语文章的时候，我会把一些出现频率高的生词圈下来，专门找时间整理记忆。养成了这个习惯之后，哪怕我在考试的时候都会顺手圈出来生词，等考完之后再去查它们，进行记忆。高三一年，我把五本生物书背了无数遍，把六科的错题本和笔记本也翻了无数遍，几乎是处于一种不管不顾的状态之中。现在再想想，真的觉得当时有一种不成功便成仁的悲壮在里面。

三轮复习的考试连番袭来，五天一个周期，考两次。每天忙得几乎喘不过气来，路上的每个人都是行色匆匆，我们被学校每天更新的倒计时牌追逐得只得拼命奔跑。每当我偶尔抬起头时，会发现忙于讨论问题的同学们嘴角挂着的是充实而满足的微笑。一连八次考试，每次结束后我都会重新考虑自己的时间安排是否恰当，并且分析出现错误的原因，认真地反思是否还有什么地方可以加以提升。不断地反思，不断地进步，不断地成长。渐渐地，我从刚开始的抗拒考试到后面的淡然处之，再到最后已经可以在毫不知情，没有任何准备的情况下心无杂念地走进考场，以自己的最佳状态做完试卷，发挥出自己的正常水平。

高考前一天晚上，我去学校与同学们一起上自习，同学们或者翻看错题本，或者继续做题找手感，而我呆呆地看着面前的笔记，心里充斥着满满的不安，然后泪水就突然流下来了。下课后，我趴在楼道的栏杆上再一次地注视着我的校园，回想着我高中三年的生活，有苦有甜，有欢笑有泪水。有个同学问我怎么了，我说我害怕。他笑了笑说，没事，不管怎么样，都没什么，至少你努力过，没有任何遗憾。我也笑了笑，觉得自己既然已经努力了这么久，就应该相信所有的努力都会得到回报的，又何必纠结于这些在目前看来毫无意义的问题呢。

第二天坐在考场里，我的心处于一种从未有过的平静之中。

最后的一战，我毫无畏惧，坦然相对。我渴望与北大倾心相爱，把我年少轻狂的岁月全部倾注在了通往她的道路上，那我为何不能相信自己，相信我最心爱的北大一定会听到我的心意。两天的考试，我觉得我自己很淡然。直到英语考试结束的信号发出，我也再没有之前的紧张和恐慌。我只是静静地等待着，等待分数出来，等待我的心意得到回应。而这一切都来自于我的努力和我对梦想的渴望。

这样看来，似乎高三也很是简单，只需要你能够坚定自己的方向，无惧挫折，无惧磨难，战胜自己的内心，没有彷徨，一路向前，就可以迎来最后的绽放。

其实我的故事很普通，在人群中的你，或许就和我一样，正怀揣着梦想，或正历经彷徨。我想告诉你的是：梦想，并不排斥彷徨，只要你不忘初心，朝着梦想的方向前行，总有一天，我会在梦想的彼岸等到你。

那些年磨炼的心态

姓　　名： 赵　帆

毕业中学： 河南省郑州外国语学校

录取院系： 化学与分子工程学院

获奖情况： 2013年全国高中数学联赛二等奖

2013年全国高中化学联赛二等奖

2013年全国高中生物联赛三等奖

高考之后，已经很久没有静下来写过什么东西了。曾有许多学弟学妹或是家长追问我的学习经验和秘诀，我却总是不知如何回答。我并没有许多前辈们“日刷理综”式题海遨游的毅力，也没有许多同学那一摞密密麻麻的错题本，甚至直到最后几天，都没有每周、每日的学习计划。我想我如愿以偿进入北大的法宝，恐怕只能是“心态”二字。

三年以前就听说过一位学长的故事，从前他总是在面对考试时过分紧张，也因此多次在大考中失利，甚至在重要的竞赛中落马。然而在老师的悉心指导下，他渐渐克服了这种“大考恐惧症”，在最后的高考中考入名校。多年的学习生活中，我见识的各路“大神”风格各异，他们可能没有过人的勤奋，没有令人艳羡的智商，没有冷静清晰的头脑，但有一点是相同的，那就是他们全都拥有常人难以企及的心理境界。不好的心态有千千万万，良好的心态却总是相似，常被夸奖心态最好的我，就在这里分享对磨炼心态的些许经历吧。

磨炼之路

也许上天注定我会拥有良好的心态，因为我有一对开明的父母、开放的家庭氛围。姥爷是新中国成立后就工作的老牌教师，一直用“散养”方式教育子女。妈妈对我的要求也不高，简单概括就是四个字：安全健康。没错，他们对我的学习成绩没有任何要求，只说尽力就好。正是因为这样，我从小就养成了对成绩单不“过敏”的好习惯。不被考试束缚、学习只为兴趣的学习模式，使我潜力十足。

我小学六年的学习，都处于一种“考好了，第一名；没考好，第二名”的状态，学习压力甚小。然而一进初中，遇到了来自各个优秀小学的强手们，在初一时我着实慌乱了一阵子。幸好所在初中的宽松氛围并没有给学生们太大压力，排名几乎不公开，老师们也致力于挖掘每个学生的个人潜力和培养大家的学习兴趣。现在想来，初中的老师对一个学生心态的培养至关重要，因为就是在这个阶段，成绩被第一次放在一个比较重要的位置，我们要经历第一次算得上重要的考试——中招考试。

中考的体育考试，由于器材原因，我并没有考出预期水平。然而老师的一句话却让我再次有了斗志：“还有两个月，文化课考试多得十分不是问题！”从那时起，我开始专攻弱项学科，每天“泡”在政治老师“办公室”里，并不期待政治能考多高，但求上考场时内心无憾。心态决定成败，中考时，我的政治考出了全市前十名的好成绩。

与高中的经历相比，初中的几许波折无疑又成了“过家家”似的玩闹。进入全省数一数二的名校，竞争压力不言而喻，更何况是在人员千挑万选的竞赛班里。高一的我们，竭尽全力适应着三点一线的生活，每天恨不得起得更早些，睡得更晚些。然而渐渐地，我发现这样高强度的节奏并不一定会带来好成绩，反而会使人精神紧张，也不容易发挥好。于是，我开始调整心态，开始学会通过适度娱乐来放松自己，把名次看淡，高中的学习模式逐步稳定。

高二时我迎来了更强的冲击：年级最优秀的班级被打散，同学们分别被分到了我们班和隔壁班。班里开始人心惶惶，每个人都在衡量并努力缩短着自己与新同学之间的差距。也是在那时，我又一次见识到心态的重要性：有的同学并不适应高强度作战却盲目跟风，成绩一落千丈；有的同学仗着功底深厚懈怠学习，成绩直线下滑；而有的同学却能不急不躁，做好自己的事，保持自己的节奏，从而稳步提升。

高三是考试的一年，各人心态如何，终于要在实战中经过检验了。刚刚开学我就经历了各大竞赛的轮番轰炸：对从来没学过的生物竞赛，抱着重在参与的心态准备了一个星期，居然也拿了三等奖；停课半个月准备数学竞赛，对成绩怀有过大的期望，结果在一试中就发挥失常，中场休息时一直用散步来稳定心情，终于在二试中扳回一城……

保送生考试转眼就到了，当时我刚从竞赛的战场上下来一星期，只得再次打这场没有准备的仗。虽然选拔成绩优秀报上了北大，但在最后的面试中被认为“不适合学小语种”，从而成为学校里唯一的被淘汰者。这可能算是学习道路上最难熬过的一次打击了，哭过，发泄过，消沉过，一个月后才重新找回状态。但也因这次经历，让我把升学这件事看得更淡，心态更平和。没时间准备自招了，就自我安慰：没关系，反正“裸奔”的心态是最好的。我想就是这种心态，使得我在自招中顺利过关。

高考前由于有了加分，抑或是自己本就不是能紧张起来的性格，并没有体会到大多数人考前的抑郁与抓狂，就这样走进了考场。成绩出来时，面对比估分低了十多分的现实，也只是一笑而过。

结果如何并不重要，重要的是一路走过、经历过、哭过也笑过，就像有一句话说的：一切终将过去，而那过去了的，会成为美好的怀念。

经历了大起大落的我，在这些年总结了许多不同时期调整心态的方法，下面就是一些个人心得。

平时心态（学习）

大考毕竟只在一年中的某几天，大多数时候，我们都在紧张忙碌的上课、作业、模考中度过。因此，这段时间的心态调整尤为重要。

总的来说，以怎样的心态对待学习？

对这个问题，也许首先要想想学习的目的了。就我自己来说，由于家长没给什么压力，我学习的动力一向是对知识的兴趣。每次发下新书我都会迫不及待地开始翻看，因为又会知道不少前所未见的新知识。这样的学习生活无疑很快乐，当你把听课、做题、讨论都当成一种兴趣爱好时，成绩自然不用担心。

"学一科，爱一科"的心态其实不难锻炼。不要用太功利的心态看待学习，比如每天只想着下次考试成绩如何；反之，可以这样想：我今天学的知识可以怎样拓展？与现实生活有怎样的联系？像数理化生这些基础学科往深处想都是非常有趣的：数学中的计算柳暗花明，物理中的运动奥妙无穷，化学中各色反应令人目不暇接，生物总让人惊叹于大自然的奇妙。如果还爱不上，不妨试试在课外拓宽眼界吧，读完《三体》就有了学好物理的欲望；各种关于数学之美的丛书绝对令你不再讨厌数学；多看几部美剧，觉得英语似乎也不那么枯燥；甚至可以亲手做几次化学实验……

最近突然什么都学不会了怎么办？

仿佛突然间，课听不懂了，作业大片大片不会，小考中成绩也不满意。我只想说，这种经历再正常不过，稳住自己，熬过去就是一片新天地。初三的二次函数，高二的物理电磁学、生物遗传学，都是令每届学生头疼的必经之处。是否跨过这些坎，并不完全取决于学习能力，更取决于自己的心态。

倘若还没深入学习就先产生恐惧，想必学习是非常痛苦的，中途放弃的可能性也会更大。而一旦放弃，第一次可能没什么，积少成多就是一个个知识漏洞，以后很难弥补。因此，在最开始就要相信自己，一定能迈过去。再说，教科书又不是为门萨俱乐部设计的，只要稳扎稳打，谁都可以学得会。

勤奋一定能有好成绩吗？

一直想反驳勤能补拙的观点，这个词实在是误导了一些人。我有一个天赋并不差的同学，高一时且学且玩耍，成绩一直不错。高二时面对合班冲击，节奏被打乱，开始过上了过度疲劳的生活，结果是越学压力越大，身心俱疲。盲目勤奋并不一定能补拙，补拙更需要正确的方法和态度。

与身边拼命刷题的同学相比，一些并不适合搞题海战术的同学就要放正心态，切勿盲目跟风。每个人的学习方法不一样，学会在众人中保持自己的节奏，也是一种稳定良好的心态。

平时心态（娱乐）

“狗一样地学，绅士一样地玩。”这句话不知难倒了多少学子，其实在紧张的学习生活中，适当发泄也未尝不可，并不一定要“绅士一样”。

矛盾心理：Play Or Not?

想必大多数人都有这样的困扰：想玩又怕耽误学习，到底玩还是不玩？直到高三的最后关头，每周末我也会玩一会儿游戏，玩时就心无旁骛，忘掉一切有关学习和考试的事情，玩舒服之后（通俗地说）学习会更加专注。一旦开始学习，我也会全心投入，偶尔想起游戏的事情，要学会自己强制掐断。

当然，有些同学觉得自制力不强，那还是建议最好从刚开始就不要玩，不过大多数人是可以控制自己的。劳逸结合是亘古不变的真理，娱乐不是万能的，但没有适当娱乐是万万不能的。

干哪一样都不开心，怎么调节？

玩时心里挂念着作业，玩得不开心；学习时又老想着游戏里的事，什么书也看不进去。这时候就又需要调整心态了。

玩的时候尽量放开一切，甚至可以用“我在看美剧，这也是学习英语”来自我暗示。学习时总想着娱乐的时光，可以暗示自己停下来，如果实在不好停止，最好的方法是戒掉这种娱乐另换一种，因为这可能说明这款游戏容易上瘾。只要控制好娱乐时间，养成一种习惯，谁都可以做自己的主人。

平时心态（人际）

生活在一个学校里、一个班级里、一个寝室里，每天与人打交道必不可少，培养人际交往中的好心态，不仅对学习方面大有裨益，更是自身境界和修养的提升。我见过成绩很好却一天不开口说上三句话的“闷葫芦”，也见过不懂得包容、凡有不顺心就要发脾气的“火药桶”，当然这些都是不可取的。

家长对学习关心方式不当怎么办？

有的家长对学习成绩过于注重，甚至到苛刻的地步；有的家长对学习情况一知半解却想指导一二，这些都令学生烦恼不已。不论是哪一种，家长对孩子的关怀都是毋庸置疑的，除了亲子间深入地交谈解决问题外，调整自身心态也非常重要。如果家长过分关注成绩，自己不妨将其看淡些，不要让家长把自己逼得太紧，搞得压力过大、精神紧张。如果家长不太了解情况却有时喜欢作些评价，那就认真思考后去粗取精，不必乱发脾气或生闷气。

对老师的一些负面心理如何克服？

如果某个老师曾经批评过你，反感或恐惧心理就可能产生，其实这些都是完全不必要的。如果批评得不对，毕竟人无完人，何必与老师也与自己过不去呢？忘掉就好。如果批评得对，也没有必要恐惧老师，老师并没有讨厌你或打压你，只是对你要求严格了一些，有什么好怕的呢？有的同学甚至觉得自己比较笨，不敢去找老师问不懂的题，导致问题积压过多，成绩下降。其实老师都是喜欢学生去请教问题的，每个人的问题不同，并没有高下之分，放松心态，大胆提问才是正确做法。

同学之间有矛盾影响学习怎么办？

同学之间发生摩擦的情况太多太多，解决办法也千差万别。而我只想说一句，不要用别人的错误来惩罚自己，如果大动肝火，受害者还是自己。因此不论发生什么，保持心平气和，永远都要走在任何处理方法之前，尤其是在高三的关键时期，更要保持平和的心境。

考前心态

有多少个考试，就有多少个“考前”，考前的几天甚至比考试时更令人抓狂。像我们班，大考之前，如果不是万籁俱寂、鸦雀无声，就一定是人声鼎沸、纸飞机狂轰滥炸……这或许能反映出考前大家普遍不同平常的心态吧。

考前无法投入学习怎么办？

从实际情况出发，即使这两天真的无法投入学习也无伤大雅，因为前面的底子已经奠定，临时抱佛脚收效一般都不会太好。不妨以此来安慰一下自己吧，也许下一节课，你就不知不觉地再次沉迷于题海中了。

考前对考试成绩过于担心怎么办？

无数次实践证明，对结果看得淡些，反而能发挥得更好，当然这并不是说完全不把考试当回事。最好的心态是积极准备，看重过程，看轻结局。如果实在做不到如此淡定，就让自己忙起来吧，比如写一套数学卷子，一晚上很快就过去了。

考中心态

见过很多关于考试时缓解紧张感、调节心绪技巧的文章，方法层出不穷，但据大家反映还是清空大脑一分钟效果最好。考中可能会出现各种各样的问题，比如突然短路、看到熟悉的题却想不出来、看到完全没有头绪的题等，虽然每个人都有一套自己的应对方法，保持良好的心态还是重中之重。

我的初中班主任对考试心态有两点独到的见解，对班里许多同学影响都很大，在此拿出来分享。一是考试结果基本上取决于自身实力，如果有能力的话就算有误差也绝不会名落孙山。许多“学霸失误落马”的传闻大多可以当作炒作而不必深信，那很可能是该人自身的知识体系并不完整，所以被不熟悉的题目击垮。拼“人品”、考前祈祷或对改卷老师担心过重，都不如踏踏实实复习更重要。二是粗心并不能成为考砸的借口。正如第一条所说，改卷的误差不会太大，许多时候，看似粗心的题其实是知识掌握得不牢固。班主任有句名言：“99 分与 100 分并不只是一分之差。”99 分的知识漏洞可能并不止于此，而能得到 100 分，说明知识覆盖已经比较全面。如果抱着这样的心态去参加每一次考试，相信进步指日可待。

考后心态

有的同学一考完就心急火燎地对答案、估分,常常使接下来的几天都失去了好心情;有的同学一考完就把一切忘掉,到出分的那一天就如"范进中举"一般。这些必然都是不可取的。学习生活中并不是只有一次考试,考后的时间也是下一次考试前的学习时间,如果不能调整好心态,不仅浪费了大把时间,还会造成恶性循环。

究竟要不要对答案?

对这个问题,老师们的答案也鲜明地分为两派,且各自拥有充分的理由。我认为,当所有科目全部考完时对答案应是最明智的选择。考完一科对一科需要有强大的心理素质;而因为卷子发下通常需要一段时间,都考完后不对答案势必会影响查漏补缺的效果。

总之,对答案的情况因人而异,不论怎么做,考后心态调整都是必需的,用一颗平常心对待考完的科目,才是正确的做法。

怎样对待成绩?

对待不错的成绩,需要不骄不躁,静下心来关注错题,甚至是一些"蒙"对的题。因为很可能这次的考试对你"胃口"的题目较多,而那些错题就可能是使你下次"落马"的漏洞。

对待不理想的成绩则更要求理性,错题自然需要更加重视,更重要的是从大的方面对考不好的原因进行分析。如果判错的题较多,也不必大动肝火,大可一笑置之,毕竟厄运并不会每一次都降临在一个人身上。

絮絮叨叨写了这么多,文字虽朴实,心愿却很真诚,就是希望广大学弟学妹们在繁忙的学习生活中磨炼出最佳的心态,不仅借此实现自己的学业理想,更在今后的道路上走出人生精彩!

这条路，
我已然走了十二年

姓　　名： 张梦晓

毕业中学： 华东师范大学第二附属中学

录取院系： 信息科学技术学院

获奖情况： 第二十七届中国化学奥林匹克竞赛（初赛）上海赛区一等奖

2013年全国高中数学联赛上海赛区二等奖

未名湖，博雅塔，燕园……在不久的将来，我便能来到这个我一直心向往之的高等学府去学习和生活。此刻，我的内心是复杂的：有兴奋与激动，有对未来生活的憧憬与向往，有对今后学习的压力，有对离开父母的不舍，也有对之后诸多未知的些许不安……但无论怎样，我都已然结束了这十二年的学习生活。在走上一个全新的平台，与来自五湖四海的志同道合之人一起学习生活之前，我想借此机会来回顾下自己之前十二年的酸甜苦辣，也与学弟学妹们分享下我的学习经验，希望能对你们有所帮助。

Teachers，my bosom friends.

感觉自己真是十分幸运，在我的小学、初中、高中学习生活中，我遇到了许多令我毕生难忘的好老师。他们不仅仅是一位位严肃的知识传播者，更是一位位和蔼可亲的朋友、一盏盏海上的塔灯。当我迷茫时他们给予我鼓励，为我指引方向；当我得意忘形时，他们为我浇上一盆冷水，使我认清自己的位置；当我遇到生活、学习上的烦恼时，可以向他们吐露心声……而他们的许多教学思想和教学方法更是让我受益匪浅。初中时的班主任一直秉持着“少一句批评”的教学原则。当我犯下错误时，老师更倾向于让我主动认识到自己的错误并且自己寻求弥补过失的方法，而不是用批评的“外力”来迫使我承认错误。记得预备年级时，身为班中劳动委员的我没有什么工作经验，不善于团队协作，光凭着自己一个人蛮干。这样的结果是很明显的：吃力不讨好。怀着满肚委屈的我找到班主任。老师先是肯定了我工作的热情，继而引导我从自身的角度来找问题。在老师的循循善诱下，我认识到了自己缺乏团队意识。这样的教育达到的是“心服”而非“面服”。在之后的生活中，我不仅渐渐地学会带领同学们来一起开展活动，有了不错的人缘，更是养成了当遇到学习、生活上的问题时，善于先从自己身上寻找原因的习惯。这使我做到了处世淡定，而不遇事便怨天尤人。

来到了二附中，老师们的民主、开放、包容更是令我印象深刻。在语文课上，我们可以为一篇文章理解上的问题而讨论一两节课。大家有理有据地阐述自己的想法，不受标准答案的约束，有时甚至可以把原先的答案彻底推翻。老师也不局限于所教授的课文，而是更关注对我们人文素养的培养。诗歌、古文……，这些已然不是一道道死板的高考题，而是一个个我们拓展思维的平台。在那里，我想我收获到的远不是一套套答题模式，而是一种思维的方式和看待不同问题的多元化的角度。在数学课上，老师也给予我们表达自己解题思路的自由。同时，老师和学生的关系不再停留在教与学，而是在讨论中相互促进。记得在一次数学竞赛集训中，最后一道组合题全班无人解出，老师手头也没有答案。于是放学后，我和老师在阶梯教室里找了空位，一起来研究这道难题。我们你一言我一语，尽管走了许多弯路，尽管花费了将近两个小时的时间，但最终就在这样的相互讨论中完成了这道题的证明，内心的快乐难以言表。总的来说，在二附中，我感受到了一个大家庭的温暖。二附中的老师所给予我的，不仅仅是学科上的知识，也不仅仅是为人处世上的道理，更是一种精神上的支持。什么是精神上的支持呢？就是在那里，我永远不会感到无助，永远不会感到被孤立。老师永远在我的身边，他们会用他们的温暖来去除我内心的寒冷。

Parents, my powerful backing.

要离开上海去北京学习，其实心里最舍不得的是我的父母，毕竟是第一次离开他们温暖的小窝去往一个陌生的地方生活，心里也挺不是滋味。我知道，爸爸妈妈为了我的成长付出了许多。小学的时候，由于爸爸总是到外地出差，妈妈得一个人为我的生活操劳。是妈妈，当天还蒙蒙亮的时候就为我做好热腾腾的早饭；是妈妈，因为我在同学家贪玩没能准时到家而匆忙从公司赶回家；是妈妈，因为我一次没能及时归还欠同学的钱而对我严加批评；也是妈妈，当得知我为数学竞赛名落孙山而伤心时，给予我鼓励和支持。妈妈关注我的学习，却并不仅限于学习成绩。“今日事，今日毕”“看完书把书放回原处”“桌面保持整洁”……这些细节在妈妈眼中似乎更为重要。这样的督促使我渐渐养成了习惯，也为我今天的阶段性的成功铺好了垫脚石。在兴趣的选择上，妈妈也给予了我充分的自由。幼儿园时，我选择了钢琴。而在一年后，“善变”的我因为练琴的枯燥无味而想要选择放弃。妈妈多次询问了我的意见和退出的原因，考虑再三，尽管为我一年的辛苦感到可惜，却仍然选择尊重我的意见。“选择你所认为正确的事情去做。”这是妈妈对我的期望。这句话已深深刻在我心中，无法忘却。

如果说母爱是真挚而强烈的，那么对我来说，父爱也许更为含蓄，难以察觉却又无处不在。父亲在一个家庭里的形象是高大而又威严的，他不能像母亲那般表现得温柔，但这却不能隐藏起他对于孩子的爱。我在二附中过了三年的住宿生活。“我起床啦”“好，赶紧刷牙洗脸吃饭去吧”这是我早晨起床睁开眼做的第一件事情：给爸爸发短信问早安。这也是在入学时爸爸和我的约定，我称之为 Morning message。有时，前一天赶作业睡得太晚，第二天早上到六点半还没有起床，爸爸甚至会直接 Morning call 把我从睡梦中拉回现实。在学校忙碌了一天后回到寝室，常常会看见手机上显示着爸爸的未接来电。回拨过去，“今天一天的学习怎么样呀？”“身体好不好呀？”“有什么需要帮忙的呀？”都是些家常的问候语。但就在这一句句看似平凡的问候语中，饱含着父亲对于儿子的关怀。爸爸希望了解我的学校生活，希望能为我提供力所能及的帮助。这就是含蓄的父爱，不比母爱来得热烈，却来得更为质朴。

正是有了父母的爱，才支撑着我一直走到了今天。相信我，我也会用满满的爱来回馈你们，做你们的儿子，我感到无比的幸福。

Learning, my unforgettable experience.

怎么才能学得又好又轻松呢？显然不会有这样两全其美的办法，所谓“学海无涯苦作舟”。“苦”是学习道路上不可避免的，然而我认为在这“苦舟”之中，自己寻欢作乐也未尝不可。那么“乐”将安出？我想，我们首先需要接受并热爱每一门课的任课老师，不要因为自己对某位老师的脾气或教学方式的反感和不满意，就对这门课程失去兴趣和学习的动力，心想反正老师也不关注我，我也看不上这位老师，继而自暴自弃。这样一定是得不偿失。这也是我的老师传授给我的秘诀。对老师的热爱会在学习生活中转化为对课程本身的兴趣，不断地激励着自己向前，即便是在学习过程中遇到了小困难，我们也不会因此而失去动力。从初中起，我便开始试着去热爱每一门课的任课老师，尤其是对我当时不擅长的语文学科。然而渐渐地，我发现这已然不是我试着去喜欢了，而是我真正喜欢上了每一位老师。他们各自有各自独特的教学方式，各有各的长处：语文老师风趣，数学老师和蔼，英语老师善于和同学们打成一片，化学老师总是时不时来些冷笑话……尽管他们有时会比较严厉，有时批评起人来不留情面，但这已然无法削减我对这些课程的热情。带着这样的热情，我在课堂上积极地与老师互动，对自己尚未理解的问题也会经常找老师寻求解答，成绩自然而然就会得到提高。

要想学有所成，努力是必不可少的。曾在网上看到这样一句话："你必须非常努力，才能看起来毫不费力。"确实如此。然而，努力并不意味一味地做题、学习，也需要掌握努力的方法，否则达到的结果就是"你看起来非常费力却实际上少有获益"。什么是努力的方法呢？这里我有几点想法供大家参考。

第一，对重点科目要有完整的笔记，并留有课后复习笔记和自己消化理解的时间。笔记是对课内知识要点的总结，一节课也许内容很多，光凭自己的大脑难以完全吸收，即便是当时认为理解了，也许几天后就会突然又对它感到陌生。所以，笔记的重要性不言而喻。然而，笔记不是光记便万事大吉的，一味地记笔记而不抽出时间去复习整理，还不如不记，因为这样浪费了课堂上的时间。曾有一段时间，我只顾着不停地写英语笔记，力图把老师上课时讲的所有要点都一一记录下来，然后写完就扔在一边，第二天又拼命地记新的知识点，结果到头来那些词组和句法还是模棱两可，知识还是没能掌握好。这就是没有掌握努力方法的案例。所以，对笔记一定要定期复习和巩固。记得我的高中化学老师一直强调笔记对于学习的重要性，在期末或是考前复习知识点时，老师经常能指出这些要点在第几课的笔记内出现过。我想，有了这样的熟悉程度，知识点上也许就很难再有明显的漏洞。

第二，是对自己做错题目的总结。不能仅仅把做错的题看一遍就草草了事，而应当细心琢磨，这样才能避免在同样的地方屡次犯错。作为一名参加数学竞赛的学生，我有自己的几本黑面抄来整理错题，里面分了不等式、平面几何、组合、向量、数列等几大类，在每道题的下方，我会尝试用一两句话来总结，有时是对解题思想的整理，有些是对自己错误原因的分析，开始写时可能会有些不习惯，但写着写着就会逐渐感觉到自己对这些错题有了更深的理解，这对于之后的解题有着极大的帮助。其他科目亦是如此，对于理科的错题要分门别类地做好记录，分析错误原因。然而记一道题易，记百道题难，贵在坚持，当你记下满满几本错题本，并用心地复习后，相信你的学习一定已经有了很大提高。

第三，有了动力与努力，接下来就得有一个强大的内心，一个对待学习和生活的良好的心态。我们相信有付出就有回报，但是有时当我们遇到付出与收获不对等的时候又应当怎么办呢？可能我们花了许多时间去刷语文阅读理解的题目，可在下一次的语文考试中，成绩却依然没有一定的提高，甚至还有所下滑；可能我们看上去付出了比身边同学更多的努力，最终的成绩却仍然与他们相距甚远。那么，我们还需要继续努力吗？答案是肯定的。中国人讲究一分耕耘一分收获，而西方人却说 No pains，no gains. 看似相同的表达却蕴含着不同的意味。在这一点上，我更喜欢西方人的说法。我们应当懂得，不是一分耕耘便必然马上会得到一分收获，不是每一次的努力都能真正换回看得见的成果，努力有时不会马上给出一个令人满意的反馈，但它却是一种渗透在生活中的习惯。然而，没有付出，则一定不会有收获。那些依靠耍小聪明的人，即便一时得到了满意的成绩，也必定是昙花一现。唯有坚持不懈的努力与付出，才是我们能够最终收获果实的途径。有了这样的心态，就不会沉浸在对他人获得的成绩的羡慕嫉妒恨中，也会明白自己获得的一时的成就会因自己的放纵而化为泡影，更会懂得不应为自己的失败而放弃努力，这样才能使我们在这条学习的道路上不断前行。

Classmates, my lifelong treasure.

我的高中班主任曾说过，一个人独自向前的阻力是最大的，而一个团队集体向前的力量却能突破这样的阻力。在高中的生活中，我深深地感受到了同学们给予的温暖。记得在高考前十天，也是我们住在二附中寝室的最后一天的晚上，我和室友们彻夜长聊，聊当下，聊未来，谈人生，谈理想，说我们高中三年一路走来的点点滴滴，说我们第一次在食堂的相遇，说当时在寝室因夜不熄灯而违纪，说有时起床晚了没打扫寝室而被扣分……这一切仿佛都近在眼前。记得高三下半学期每天晚自修下课后，我总会和一两个同学一起在空旷的环形跑道上跑上三圈。“跑得太慢啦，分分钟超过你。”“来呀！谁怕谁！”操场上留下了我们的汗水，留下了我们的欢笑。记得化学竞赛前集训时，大家互相找对方的知识漏洞，相互梳理一个个有机人名反应，背着各种金属离子的颜色。记得有时周末晚上来学校时，我会带上一块乒乓板，和同学一起打乒乓球……这些数不清的记忆一直留存在我的心中。

当高考一天天地向我们逼近时，我们感受到了这种压力逐渐强大，有时焦虑，有时紧张，有时甚至会在床上辗转反侧难以入眠。但每每想起自己不是一个人在战斗，想起身边同学的鼓励与支持，心中便会多了一份坦然。这三年中的奋斗、欢笑、泪水，是我，也是我们终生的一笔宝贵财富。学校生活不仅仅是一个分数，我们能从学校里收获远比分数和知识更多、更重要的东西——友情。同学间的友情是无法用分数、知识、金钱来替代的，不要让一张张成绩单埋葬了你的这份珍贵的情感，否则，你终将后悔莫及。

我的朋友们，祝大家一切安好！

Leisure, my life condiments.

一道菜，没有调味品将淡而无味；而调味品亦不可过重，否则就失去了菜肴本来的滋味。没错，课外活动和个人爱好便是我生活中必不可少的调味品。它们使我的生活更加丰富多彩。作为一个车迷，有时周末我会花上两个小时看一场F1比赛；有时会与同学约好一起去滑冰；有时会玩玩游戏……我庆幸我能有一些爱好来使自己得以放松，但这些不是我生活的主旋律。我并没有让这些打扰了我的主业。所以，我们需要做的是对时间的恰当安排，不能因为自己的爱好而占用了大量的学习时间。同时，要提高自己的效率，做到放松时尽情放松，而学习时一丝不苟。这样，我们的放松才不会成为我们成功路上的绊脚石，而会成为我们进一步向前的动力。

Future, my unknown journey.

之前的十二年学习已然成为美好的往事，只可追忆却无法改变。来到北大，意味着一段全新旅程的开始。这段旅程中也许有似锦繁花，又也许，遍布荆棘。面对这些未知，我有不安，但我绝不会退缩。我的名字中有一个梦字，相信在这广阔的北大校园里，我会努力去实现我自己的梦想，也相信学弟学妹们能用自己的努力来进入自己理想的学校。I trust you and myself!

致我们终将怀念的高三

姓　　名：承书颖

毕业中学：河南省漯河市高级中学

录取院系：城市与环境学院

获奖情况：河南省化学竞赛一等奖

河南省优秀学生干部

高考的帷幕渐渐落下。接到北大录取通知书的那一刻，过往的一切只不过化作低垂眼角渗出的湿润和嘴角上扬浅浅的微笑。但我知道，绝不是那样简单，绝不是只有光彩。那段光明与阴影交织的日子，那个洒满汗水见证青春的高三，终将一直被怀念，诉说着梦想的力量，激励我不断前行。

翻开陪伴我走过高三的日记本，发现它竟是我的一份份计划表和一句句从不向外人提起的誓言。扉页写着：谨将此本献给我无悔付出的高三。“Keep calm and carry on.”这句话一直陪伴着我一路走来，我想也是我对学弟学妹们最简单的祝愿。保持平静，继续前行。它平静得波澜不惊，得意时让我冷静，失意时让我振奋。当我迷茫无措时，这句话给我了方向：只有不断前行，才会抵达光明。高三的生活虽沉闷枯燥却又最激情澎湃，每日计划将学习任务安排得有条不紊，让生活前所未有的充实，让知识牢牢地扎根，让自己与梦想从未有过的接近。

初入高三，新的一轮复习模式和快节奏的生活让我新奇又紧张，在老师的带领下我快速适应了高强度的复习模式，并在上学期的考试中始终位于年级的领先位次。总体来说我是跟随老师的步骤，上课仍然注意听讲，课下以完成布置的作业为主。但这个方面我认为还是要根据个人情况，很多写作业速度较快的同学都可以再额外给自己安排很多任务；速度不快的同学就要量力而行，根据自己的实际情况，挑重点的进行专项练习。

其实这就是我要说的第一点：计划性和目的性。在老师的大节奏下拥有自己的小节奏。这是每个学生必备的素质。要在日常学习中时刻清醒自己的步骤，自己的优势、劣势学科，以及自己该怎么做。其实想想学习的问题并不复杂，无非就是做什么和怎么做。必须时刻清醒自己要完成的任务是什么，如何去完成这个任务。我有一个每天携带的小本本，随时记录脑子里冒出来的需要做的事情，上面写满了我前一天晚上对第二天的计划。虽然满满的计划我却总是不能全部完成，但我想说的是，即使不能全部完成，但它代表着你对自己学习进度的一个整体把握，这种清醒的感觉是非常有必要的，而不是得过且过地度过每一天。当然，要想避免总是被繁多的任务重压，就需要所列的计划切合实际，不可盲目贪多。最科学的方法就是根据时间去安排任务，而不是为了繁多的任务而找时间，否则会令你陷入完不成任务的焦虑之中，这是非常没有必要的。这也是我后来慢慢总结出来的经验。比如你在午休前可以给自己安排做英语作业，连排的自习课可以做些需要整块时间的作业，如数学、理综试卷等，这都是需要根据具体情况去安排的。这样的话既可以提高效率，又不至于“压力山大”，会有很好的效果。目的性就是要清楚自己的优势、劣势学科，保优补差，合理地分配时间和精力。不可以无目的地去单纯追求题目的数量而忽略了质量。这就需要把自身情况和目的性结合起来，有的放矢地去培优补差。

进入寒假，那真是个最忙碌的假期。记得当时为了提高学习效率，老师组织我们一起自习。每天仍旧是从早到晚地拼命，漫天飘雪也不例外。路上都铺满了积雪，我们就一步步踩着雪从家里走到自习室再走回去。回到家中谢绝了一切亲朋好友的聚餐邀请，唯一的理由是要完成作业。老师当时还调侃：这个春晚你不看试试，熬夜刷题试试，绝对一生难忘！就当是一次经历吧，我虽没有完全放弃春晚，但也是在爆竹声中攻克了几道物理大题，现在想想真是难忘的经历啊！

没有人不努力就可以考上清华北大，最可气的是比你聪明的人却比你更努力，这让你拿什么去和他们竞争？所以你也只有更努力更努力。

这也是我要说的第二点：坚持下去，不懈努力。你只有很努力很努力，达到目标时才可以让其他人看起来毫不费力。其实最艰难的时光应该是高三下学期的三四月份，那个时期在我的记忆中真是一片晦暗，看不到丝毫光亮。当时一大波题目来袭，老师带领我们进入刷题阶段，理综试题也开始进行。习惯了慢速咀嚼的我面对着一张张理综试卷显得无所适从。那几次模拟考试我也出现了前所未有的慌乱，犯了我之前认为低级到自己从不会犯的错误，看错题、自己编题、涂错卡、计算错误……考试成绩一次次挑战我的心理底线，我告诉自己那些错误本来是都可以避免，避免之后你还是照样优秀。可成绩就摆在眼前，尤其是那跌入谷底的成绩，它的力量远远超乎我的想象。它让我在黑夜里不知留下多少泪水，在白天不知丧失多少生气。我很无助，进而变得慌乱，变得脆弱，变得不知所措，变得迷失方向。老师找我谈话，我只能勉强挤出笑容，在父母面前我会因为做不出一道选择题而放声痛哭，只有我自己知道那不过是“压死骆驼的最后一根稻草”。六模、七模的惨败逐渐浇冷了我狂躁的心，我开始慢慢地懂得：没有选择，没有退路，只有坚持。不要管结果如何，只管去付出就好。你要知道，成功是开花的时候，失败是长根的时候。没有根的支撑，一朵花不会灿烂多久。所以渐渐地，我开始以一种感恩的心态接受一切，我慢慢平静了下来。还是那一句话：Keep calm and carry on. 我发现这句话会让人的心变得波澜不惊。这，我以为是高三赋予我的最高境界。坚持下去，不懈努力，脚踏实地，波澜不惊。老师也告诉我：难受时只有一个字“忍”。我相信每一个考上清华北大的学子都不可能没有需要硬撑过去的时刻。而我们必须坚信，这些时刻才是最锻炼自己的时刻。硬撑过去，不懈努力，前面就是光明！

当然，努力不是没有方向，没有方向的船只不可能驶向成功彼岸。当你具备了坚持下去、克服困难的勇气和决心时，剩下的就是要找到适合自己的学习方法。在我看来最核心的一条就是思考和总结。不论是对待文科学习还是理科学习都是如此。如果说刷题是必不可少的积淀，那么思考和总结才是实现质的飞跃的成功之路。对于数学及理综学科，我认为不仅要搞清楚每一道题的答案，还要从条件入手，一步步分析推理是如何得出答案的，这种思维方法往往比答案本身更为重要，更可以应用于其他的题目。特别是高考，我们几乎不可能碰到原题甚至相似的题目，在这种情况下，分析问题、解决问题的思维方法就是我们能带到考场上的唯一法宝。记得老师曾告诉我一句话：你在高中三年究竟学到了什么？不是课本上的知识，不是你做过的题目，而是当你把这些都忘记的时候所剩下的东西。这句话让我印象很深刻，我并不是说这句话有多么正确，只是它在一定程度上强调了掌握解决问题的能力是多么重要。其实这也就是我们通常所强调的思路问题。可能再说得远一点，包括一些大家可能都感觉到陌生甚至不知所措的面试问题，在很大程度上也只不过是考查考生的思维能力和应变能力，面试官不一定真的希望你说出什么所谓的答案，而只是想通过某个问题看到你的那种潜在的能力。曾经有一段时间我放弃了我的总结本，结果迷失在茫茫题海之中。好在爸爸及时给了我指引，根据我的个人情况，又让我继续坚持了下去。于是我重新开始整理做过的一些有价值的题目，每道题目下面不仅有答案，更有这道题的思路、如何从条件找到答案、一些陷阱及注意问题等,这些都需要用不同的笔来标注。这种方法在数学和理综的学习中效果更好,它可以让我真真正正地吃透题目,而不是只求了数量而忽略了质量。不过因为时间有限,必须要求对一些有价值的题目才这样做。对于那些因为粗心而做错的题目我们只需要牢记教训,没有必要再花费时间去整理。当然这也只是我个人的一点心得,有的同学不需要这样,做数学、理综照样可以拿高分。学习都是因人而异,没有必要模仿他人,只需要找到一条适合自己的路。这一点也是我经历许多后才慢慢领悟的,希望拿出来与学弟学妹们分享,或许会帮助你们少走些弯路。

下面我想具体到每个学科谈一下学习的方法。我是理科生,就只谈语数外和理综的学习了。首先,语文最有效的方法是专项练习。因为语文的出题形式大致固定,所以可以根据自己的情况有重点地进行专项练习。同时要和老师结合,在老师的引导下,弥补自己较弱的方面。作文方面要多阅读范文、素材。可以去挖掘范文的行文思路和语句、素材的使用方法,多摘抄一些简短实用的句段。建议段落不要太长,不然你会发现那是繁重而又无用的工作。最好就是每个素材段落中挑选几句最精彩的记录下来,这样任务量不会太大,又方便记忆和使用。语文是个需要背诵的学科,大家要抓紧读书时间,对知识进行反复背诵。很多人曾经跟我交流过有关读书记不住的问题,其实每个人都会遗忘,解决这个问题没有其他办法,就是反复地多记、多背。背诵的东西一定要经过反复这个过程才可以真正地为我所用。其次,英语学科也同样是个以背诵为主的学科,我个人认为一些英语基础比较好的同学应该酌情安排学习时间,不用在英语上花太多时间,但是绝对不能自以为是、眼高手低，应始终保持对英语习题的手感，保持英语水平不下滑。对于一些英语基础比较差的同学，英语应该是最容易缩小与他人差距的学科，所以千万不要放弃。每次早读拿出单词本、知识单来背诵，还是反复记忆，再加上每天固定的练习，相信英语水平一定会稳步提升。应试方面主要是英语作文。字体是门面，好的书写会赢得不少分数。同时语句不要有语法错误，复杂句与简单句应结合使用，最好的效果就是读起来顺畅自然，不要一味地为套用一些句式而使文章显得僵硬呆板。最后，是数学和理综，在我看来方法都是一样的，就是做题与反思相结合。一些小的技巧，例如遇到一些陷阱和常错点，可以专门记在本子的第一页或者某个地方，以供每次考试之前翻看，这一招是很有用的。如果遇到一些比较典型的问题，可以专门做成一个专题，比如数学的导数与恒成立专题、物理的拉板模型专题等。这种大框架的清晰思路无论是在平常学习还是考前都是很有帮助的。

最后我想谈一谈心态调节方面的问题。有人说高三不仅是一场智力比拼战，更是一场心理持久战。这一点也不假，到了高三你可能会遇到各种各样之前不曾遇到的问题，更会收获一些不曾有过的体会。首先，我认为必须平衡自己的心理，不要偏激，不要抱怨，不要与他人攀比，平静地接受即将面临的一切，并且敢于接受一切挑战。你要相信所有的事情都是会好起来的，如果不够好，那是因为还没有到最后。Keep calm and carry on. 这是一个原则，更是一种信仰。具体来说，当你遭遇各种不顺利时，比如作业无法完成、学习吃力、考试成绩不理想等，要学会找他人倾诉，不要埋在心里，要相信父母和老师的力量足够为你撑起一片天空，一片你可以清晰地看到光明的天空。也许曾经你会和父母吵架，会和老师顶嘴，但毋庸置疑的是，他们一定会在你最需要帮助的时候给你最及时的帮助，哪怕只是一个拥抱、一个爱抚，也许都足以给你继续走下去的勇气。当然，他们能做的不止这些，他们可以为你分析你所面临的问题，给你正确的引导。也许当你换一种思路去看待你的处境时，你会发现自己的处境并没有那么糟糕，这也许是上天对你的一次历练，让你获取一种新的技能。就像我之前提到的那样，高三下学期的三四月份是我最痛苦的时期，那段时间的反复琢磨、反复与老师父母的沟通给了我一个新的思路：也许我所经历的谷底对他人来讲并不算什么，也许平时一直处于顶峰对于高考来讲并不会有什么帮助，也许失败的经历会让结局更加完美。这样一想，似乎上天对于每个人都是公平的，我的心结也似乎打开了，并不再沉浸于苦恼中无法自拔。后来证明，那段经历是我在高三最记忆犹新的，也是获益最多的。所以，心理问题绝不是无法战胜的问题。你让它变得简单了，它就会很简单；你纯粹地、坚定地走下去，它就不会影响你什么。

高三最后的时光是在每天的励志歌曲中度过的，现在回想起来这又给高三增加了一抹色彩。无论如何，相信我，你的高三会是那样充实而难忘。人的一生中可能再也不会有一个时期，会像高三那样纯粹地为一个梦想全力以赴。

我们终将怀念的高三，也终将被你们怀念。祝福你们，欣赏高三，奋斗高三，享受高三吧！

以梦为马，以北为大

姓　　名： 买钰鑫

毕业中学： 西北工业大学附属中学

录取院系： 信息科学技术学院

获奖情况： 数学竞赛省级二等奖

物理竞赛省级三等奖

学习经验篇

北大清华不是梦

十二年的奋战结束，我也算有惊无险地到达了心仪的彼岸，看着即将面临更多变革的学弟学妹们，我想说，考试终究是考你的学习能力与应用能力，再多变的问题亦有其不变的方法论，我们要在革新的洪流中以不变应万变，才能在考试中突出重围，北大清华不是梦！

在高一、高二时，白天的课堂是我们的主战场，上课时不仅要全神贯注地听，还要密切地跟着老师的思路走。在老师讲课时，要将眼光放窄，将你的炯炯目光想象成聚光灯，这世界只有你与老师二人，不要受其他人和辅导书的干扰。课上发问和讨论时还要将眼光放宽，与同学交流探讨。不要太执着于辅导书，每科精选一本便可以了，精力应该放到课堂上的理解消化上去。只要上课认真理解，下来独立做作业，周末回顾一周所学，便会在这看似无味的循环往复中螺旋式上升！

做题自然也是必不可少的。做什么呢？我建议在做完作业和琢磨透辅导书的例题后，就该做高考题了！但是此时不要急于做高考套题，更不要做理综。“5·3”是一本比较合适的书，因为上面将各块知识点与考点分开，很适合此阶段某个章节学完后用于能力提升与检测。这里特别要说一下，高二的暑假至少要把近三年的高考题全做上一遍，把自己摸不清条理的那些题目记下，等高三一轮复习完之后再做一遍。

到了高三，无论多优秀，都要扎扎实实地跟老师过完一轮复习。只要用心，当堂记住所学知识点，刚下课时和晚上再回顾一下，长期记忆就会有不错的效果。一轮之后，自主复习就占半壁江山了，但是还是建议课堂上至少抓老师强调的专题和自己不会的内容。自主复习时，要分模块研究本省近三年的高考题，就一个题型进行限时训练。当训练量上去了，就要学会“生题熟做，熟题生做”，意思是遇到生疏的题目，不要怵，找到它与之前练习的题型和思路有哪些相似之处；而遇见看上去见过的题也不要大意，而是要把一个题分成大前提、小前提、具体材料和题设四个部分，这四个部分各有许多可能性，这么多的可能组合在一起（明显用乘法原理），结果自然很多，所以每一块不同都会影响到结果的不同。只有细致地分类整理做过的大量题型，才能以不变应万变。

另一个很重要的方面就是心态，平常之中切勿浮躁，一旦浮躁，浪费时间精力不说，很可能事倍功半。遇到自己独立完成不了的问题时，要虚心向老师或同学请教，切勿自以为是。高三还要甘于寂寞，想着日后金榜题名时的快乐，想着你的男神女神是需要你不断努力才能配得上的，你要坚持下去！还有，虽说不需要关心他人学了多少，只关心自己进展了多少，然而当动力不足时亦可与他人比较，以激发羞耻感，促进自己更卖力地学习。但要把握好一个度，目的是让自己不断地成长。

下面我从理科生的角度将高考四科的经验拿出来和大家分享。

语文：首先要多读书。语文考试讲究厚积薄发，因为它是一门语言学科，灵活度很大。像 2014 年陕西卷在毫无征兆下出了文言断句和成语组合两种新题型，考查的全是语文素养，它不取决于你之前做了多少习题，而是由这十二年来积累、沉淀、酝酿得来的两个半小时的回甘喷涌。平时在读书时，要先将课本上的文章理解透，再向更宽更广处延伸。其次是书写。对于那些面对试卷已经麻木的阅卷老师们，一卷好字的确能引起极大的反差，从而在无形中获得加分。即使字不好看，也要写得工整。

数学：它是个逻辑性强的科目，要仔细认真。因为考试时时间不允许做第二遍，所以平时对于简单题和中档题还是要多练，练出手感，同时还要总结题型。而对于压轴题，比如导数题，我就在高考前把三年来各省的导数题都调出来，将它们按解法分类，而题干又按我上文说的那样分四个部分归类整理，这样高度概括后，我的成就感就在于分到最后就只有三大类解法，而这三种解法帮助我在高考中不慌不忙地拿下了150分！

英语：也是语言学科，语感和单词很重要。我只要每次先背单词再做题（即使做题时没遇到这些单词），正确率总会上升。而背单词、学语法我都是在我们老师的熏陶下，拿着牛津英汉双解词典来查找。因此，我建议随手拿英文辞典来上英语课和学英语。

理综：这是高考的半壁江山。很多同学理综做不好，是因为知识的综合性提高了，而且时间短、转换快。我选择的方法是将它分成选择题、物理大题、化学大题、生物大题和三门选修这五块限时训练。先排列自己的做题顺序，然后给这五块分配时间，比如我会用一个晚上把各个省的某一块都截出来，一晚上就“啃”这一块“硬骨头”。这样，考试时就可以在限时内完成，而且每完成一块就有成就感，很激励人。另外，理综不仅考验人的知识，还考验人的取舍能力。我们老师经常说：“你们不要把它当成300分来答，你当成280分、270分甚至260分来答，你好好地答对你做的题，有正确率才行，不然就算你把题全做完了，没有正确率，很可能连270分都上不去！”所以它是一个综合性考试，不单单考知识，还考人的能力、大局观等。

到这里，我的经验就说完了，希望学弟学妹们能坚持下去，不抛弃，不放弃。记住，北大清华不是梦，我在美丽的燕园等你……

老师家长对我的帮助

父亲从小对我就很严厉，告诉我什么是对的，什么是错的，小时候经常因为做错一件事就受到严厉批评。长大后父亲说："孩子生下来就是一张白纸，应该从小就让他辨清黑白，小时候给他说一句两句，胜过长大后说千句万句。"而现在我考上北大，他变成了对我百依百顺的父亲，但是一些我的固执之处，他依然会坚定地指出，不让半步，引我冷静下来后自己思考，我从中受益匪浅。说实话，我之前惧怕父亲；之后觉得他很不灵光，说的都是错的；而现在，我越来越佩服我的父亲。

从小父母灌输在我脑海里的四个字——先苦后甜，一直在激励着我前进。所以，我每次都争先恐后地做完作业，然后就能享受很放松的假期。

还要感谢的是我的小学班主任，她经常在第二天把没做完前一天的作业的同学叫到讲台上，面对大家苦口婆心地劝着，但没有骂。有几次我被叫上讲台时，我的心里就在想，以后要是不想这样丢人就好好写作业。于是，之后我的作业几乎都是在学校就完成了。当时自然是不敢上课写作业，只得课间写。总之我觉得这种做法对课堂巩固来说是很好的，而且也没耽误玩耍。

到了高年级，我的英语越来越不行，父母也多加催促，我也就整晚地听磁带。仿佛老师看到了我的勤奋，在一次对优等生的加课中，也选了我进去。当时我真是受宠若惊，我的英语当时还算不了优等，正是老师给了我鼓励与信心，最后小学结业考试我的英语还考了满分。

从小学到初中，我很感谢我的父母，因为他们无论多忙，单位离家有多远，都尽量中午回来给我做午饭，让我能在家里安安稳稳地睡个好觉。当妈妈在西安上班时(我们家在咸阳，那个时候到西安市是两小时车程)，她特地选择了晚上派专车回咸阳的公司，只为和我在一起，让我安心学习和睡觉。

初中我在家附近的一所市级名校中稳居一二名，爸爸就建议我去西安名校上高中，当时我还不理解，后来我懂得爸爸的意思是下一站要比上一站好，要选择一个好的平台。

在西安，老师们看我很刻苦，就时常关注我、鼓励我，告诉我说勤奋的孩子有人爱。数学老师很“霸气”，遇到问题绝不依照答案，并先叫我们讲给他听。有时讲着讲着我们自己就会了，有时讲的过程中他指出我们的错误，很好地锻炼了我们独立思考的能力和创新意识。英语老师则是给我们介绍了一个更好的老师——英汉双解词典，不是只看意思，还要理解每个例句。他说这样才能学懂语言。化学老师年轻活跃，上课和大家什么都聊，但也能放能收。他教得很好，活跃的课堂气氛使我们这些好奇的学生们在多变的化学世界里畅游，并培养了我们的创新思维。生物老师年轻又很严厉，上课前都会提问基础知识，不知不觉中这些知识已经深深地记在了我们的脑子里。

文章接近尾声，很高兴能在开学前抒发我的很多看法，我很自豪能成为北大的一员，让我、我们这年轻的一代，以梦为马，以北为大，不去辜负这个时代！

高中琐事

姓　　名： 曹俊杰

毕业中学： 河南省济源第一中学

录取院系： 数学科学学院

高考过后，再来回忆自己的高中三年，感觉过得也很平淡。尽管在校时觉得过得如何艰难，尽管当时觉得经历了多少大起大落、多少难以言说的苦衷，现在看来，只是呵呵一笑，不过如此罢了。

如果让我讲讲学习的方法和技巧，我认为没有什么值得一说的诀窍，而且学习方法本就因人而异，没有什么是万能的。因此只将自己的学习经历叙述于此，谈谈自己的感受吧。

高一的我过得很轻松，也许是因为高一的课程较高二、高三轻松，也许是因为对自己的要求也没有那么高，总之像其他人一样学着，对高考也没有什么概念，对高中也没有什么规划，浑浑噩噩地就过来了，成绩虽不太好倒也不算很差。依稀记得高一刚开始时，班主任问我想考一个什么样的大学，我一紧张随口便答："教学楼下贴着的那几所学校（十大名校）。"班主任笑笑说："你这是随口应付的吧？"我脸一红，就坐下了。事后认真想了想这个问题，似乎那样说也没什么错。这大概是我对于目标的第一次思考吧。

很快，高一欢乐的日子过完了。就在高一的尾声，高一的期末考试给了我一道晴天霹雳。在这次事关高二分班的大考中，我考了有史以来最差的成绩，平常一向二三十名的我那次考到了一百四十名往后。听到消息的我虽说没有掉下眼泪来，却也懵了好久，不敢相信自己的耳朵。之后去学校收拾东西的时候被班主任当着全班同学的面狠狠批评了一顿，而我只能默默承受……

高一的暑假，我狠狠地反思了一通，这一次的失利让我醒悟过来。自己绝对不能再这样浑浑噩噩地活着，我可以忍受自己不优秀，但决不能忍受自己过得糊涂。我不愿在一片茫然之中虚度三年，到了高考之后才后悔自己什么都还没干就过完了高中。

反思后的我跟着班主任补了十天左右的语文（那时的语文连

考100分都是问题)，希望能将弱势学科提一提。然而不久，8月初的我接到电话，告知我被分到高二实验班，通知我开学。原来分班并不是只看一次成绩的。不管怎样，再次侥幸进入实验班，还是很庆幸的。

高二，新学期，新起点。新学期伊始，我在所用的第一个本子的扉页上郑重写下："三年不飞，一飞冲天；三年不鸣，一鸣惊人。"从此开始了我全新的高中历程。高二的课程与高一相比难度加大了许多，老师在时间上抓得也远比高一紧，考试次数更是频繁。每周一小考，每月一大考。在突如其来的高难度、大强度的课程面前，每个人都措手不及。一向学起来比较轻松的理科科目也渐渐吃力起来，一次次刷低的分数摧残着我的信心，班主任不住地"咆哮"更是一种打击。总之印象中的高二是过得最艰难的时候，记忆中只有不停地赶作业、赶作业、赶作业……高二，也是我们班成绩最惨淡的时候，每次考试下来都是一轮又一轮的批评、反思、纠错，然后又赶快投入新的学习中……那时的天，似乎总是阴沉沉的，而我的成绩也总是在一二十名徘徊，不算好却也不很坏。慢慢地，慢慢地，高二过了一多半，这种节奏也适应了过来，课程也一点点学完，各科逐渐进入复习。但我的成绩却似乎在一点点滑坡，每次考试总是不尽如人意。强势学科数学、物理总有这样或那样的失误，弱势学科语文、英语也经常占据倒数后几名。我想到了高一的我，那时的我正是因为每天过得糊里糊涂，没有经常对自己的学习进行反思与总结，对于弱势学科没有足够的重视，才会有那样的结果。我不会允许那样的错误再犯，于是我每隔几天便会在晚上上床后想一想自己最近的学习状况，之后便进行补救。至于弱势学科，我决定从英语开始，因为我的英语还是有很好的基础的。那时，每天晚上晚自习或是下课后，我都要拿出英语“5·3”进行阅读的专项训练（不过不是刷题，我比较讨厌刷题，我觉得将一道题想到大彻大悟远比做十道题而仅仅弄懂答案要强得多）。我规定自己每天只做一篇，做完后对文章进行彻底的分析，不仅要疏通文义，更要从题目的角度思考答案的来源，弄清楚自己发生错误的原因。就这样坚持了一段时间，对英语的阅读有了自己的心得体会，正确率也有了一定的提高。我又用类似做法做英语的完形填空题……就这样，自己的英语水平有了不小的提高，尽管这些并没有完全体现在成绩上。

时间一晃而过，很快到了高三，以考代练的时代来临了，理综的时代也来了。记忆中的高三，是铺天盖地的套题训练以及数不清的大考小考。那段时间是我的成绩最不稳定的时期，前一次考试还是前十名，后一次就考到倒数的例子数不胜数。这样的节奏我自然不太能适应，因为我追求的本就不是通过大量刷题来提升成绩，当然，好成绩的取得需要一定数量的题目训练我还是赞同的。那段时间，我对于成绩并没有很在意，我追求的只是我在能力上是否存在欠缺。我并没有像其他同学一样盲目刷题，疯狂纠错。我依然保持着自己的学习节奏，遇到自己感兴趣的问题就放着大批卷子不做而花上几节课的时间去思考。每次考试下来分析试卷，若是有不清楚的就到处询问把问题搞清楚，若是会做的题目做错，也不去很纠缠，因为这些错误不是思考过、纠错过就能改正的，只有平时做题多留心、多点认真才能慢慢改正。

说实话，那段时间在考试的狂轰滥炸下我已经对学习丧失许多兴趣，看到卷子甚至有呕吐的冲动。也正是那段时间，低级错误频发，成绩不断滑坡，曾经很辉煌的理综考到后几名也是常有的事。在那样的情况下，我并没有过于纠结于名次本身，尽管看到不断下降的成绩也很揪心。我经常安慰自己：这一切都不是我的真实水平，尽管成绩惨淡，我的能力绝不是这种层次；现在的每次成绩都不过是浮云，只要高考时将自己的能力展示出来即可；现在的我所要做的只是一点一点地提升自己的实力罢了，不去管多少作业没有做，不去管成绩有多差，不去管别人怎么说，无愧于自己便好。三年不飞，一飞冲天；三年不鸣，一鸣惊人！

就是这样，我凭借这样的信念，跨过不知多少挫折与低谷。多少人高三一年大起大落，被打击得外焦里嫩、体无完肤；多少人对自己丧失了东山再起的信心。而我，即使是那段最黑暗、最难熬的日子，也始终保持着对自己强烈的自信。不仅如此，对薄弱学科我继续加强学习。生物书一遍一遍地翻着，英语和语文的“5·3”一点一点地做着。虽然当时并没有显现出很大的作用，但从高考来看，它们都是有用的，至少没有一科拉我的后腿，而英语甚至考了148分。

就这样，高考一天天临近了。学习节奏一天天慢了下来，学习重点慢慢转移到了心态的平复上。我也逐渐着眼于将能力发挥出来，减少低级失误。从最基础的题目开始，不求速度，不求难度，只求正确率。然而，这并没有取得自己想要的效果。眼看着高考一天天临近，我愈发焦急起来。高考前一周，我果断决定回家休养调整几天，长期在校的环境实在太压抑，不妨换个环境，远离学习，说不定会有奇效。因为我知道，我的实力已经足够，我需要的只是一个好的状态将它发挥出来。

在家三天，首先是得到了充足的休息，自己又将高三的路程回顾总结了一下，看看小说，骑着车出去兜兜风……之后回到了学校。

可是，或许是天意安排，一天后我又因发烧感冒不得不请假回家。最后的两天里我只是专心养病，没有想任何有关高考的事。最终，病好后我以一种全新的姿态来到学校迎接高考，那时已是6月5日，距高考仅不到一天。就是这样，第二天我踏入了考场，没有任何的包袱，没有丝毫的紧张，平平淡淡地度过了那两天。虽说发挥得还有瑕疵，但大体还让人满意。成绩出来，我做到了，做到了高二立下的誓言。

这就是我的高中，没有什么轰轰烈烈的壮举，却也不是平淡无奇得不起一点波澜。只是我一直都在以自己的节奏学习。因此，虽然走得艰难，却也无怨无悔。即使结果不尽如人意，我也依旧不会后悔。

最后想给学弟学妹说的是：请一定相信自己，你的未来有无限可能，不要轻言放弃，加油！

我的学习之旅

姓　　名：黄彦博

毕业中学：天津市蓟县第一中学

录取院系：信息科学技术学院

生活中有很多事，高中阶段最重要的事便是学习。我们不一定能做到最好，但一定要认真做，至少到最后能无悔地说一句：我尽力了。接下来，我要谈一谈，我高中的学习经历与体会。

刚上高中的时候，所有事物都是新的。对于学习，我很兴奋，但是成绩却不尽如人意。第一次月考只考了年级第二十五名，对于几乎一直考第一的我来说，这是个很大的打击。高中伊始我就遇到了最难的问题：心态。于是我不断地告诉自己：这不是我的真实水平，我比这更强。同时我也下定决心，下次一定要让别人对我刮目相看。在压力与动力的双重作用下，之后我考到了年级第四名。虽然我定的目标是第一名，但是，直到现在我都庆幸我当时考了第四名。因为连续两次的不是第一名，让我逐渐放下了必须要考第一名的思想包袱。我不再那么争强好胜，不再把名次看得那么重要。这让我很受益。到后来，我慢慢地明白：考试不一定非要考第一，那只是数字，只是给别人看的。考第一不应该是目标，提高自己才应该是最终目的。不需要跟别人比，你唯一的对手就是你自己，不断地超越自己，让自己更强才是最重要的。当这样想、也这样做的时候，给别人看的第一名会不请自来。至少我的情况是这样。

想要提高自己，就要了解自己。了解自己就需要客观地评价和判断自己。看到自己的不足时要记下，而不是自欺欺人地掩饰。看到自己的优点也要记下，而不是为了表现谦虚而否认。具体到学习，每一次上课、做题、考试，都要仔细思考自己经历的整个过程和自己的表现，然后明确自己想要变成什么样，变成那样需要改变什么，该怎样改变等。每一次思考过后都应该有一次提高。但有时想得很好，实施起来却很困难，这是常有的。即使每次只是提高一小步，但那也是提高。积少成多，量变成质变。先思后行，我比较重视思。

在提高自己的过程中，肯定会遇到挫折。比如，一道题没有做出来，上课听不懂，一次考试甚至几次考试没考好等。这些都是常事，总会过去的。而你要做的就是保持自信，挺过去。波谷过后是波峰。所以，一定要有自信，我觉得自信的人是内心强大的人，而懂得如何自负的人是内心更为强大的人。有时适当的自欺欺人，对培养自信很重要。至少我相信，凡事无绝对，适当的时候，坏事变好事。

当然，人要生活在社会中，靠自己是必须的，但同时，也要学会向别人求助，比如老师、同学、父母。遇到不懂的问题，可以求教于老师或同学；遇到不开心的事，可以向同学或父母诉说，他们都会乐意帮忙的。同学之间互相探讨问题，对彼此都有好处。当其他同学向你讨教时，你的解答不但会帮助他，也会使你自己对这个问题有更深的理解，甚至想到你以前从没注意的思路或方法。我的老师的理念很好：教学相长。我们和老师是一起学习的，互相探讨是再正常不过的事了。所以，不要害怕问老师问题，老师是希望我们问问题的。老师如果有错，要委婉地提出来，而不是记恨在心。对学生而言，老师亦师亦友，他们是来帮助我们的。

高中的学习，我们做得最多的就是听讲、做作业和考试。这三方面我们要下很大功夫。接下来我就说一说我的做法。

首先是听讲。课堂是老师传授知识的主要渠道。我们要运用好这个宝贵的时间。认真听讲是必要的，怎么听，听什么就是重中之重了。老师所讲的主要是基础知识、做题方法、做题经验和应试技巧等。基础知识是根本，是必须要记住并掌握的。一节课下来，如果知识很多，不能一次性记住，一定要记笔记。笔记的内容不一定多详细，自己看懂就行。因为重要的是听而不是记。最好能边听边把知识吸收。重在理解而不是背诵。做题方法就是把知识活学活用。当老师在讲题时，你一定要反复思考：老师为什么这样想？老师为什么这样给大家讲？如果你是老师，你会怎样？当能给别人讲明白时，你就会对这道题、这个知识点有更深刻的理解。应试技巧方面，我赞成多听听老师的说法，因为那都是经验。你也可以从你自己的做题经历中总结。适合自己的才是最好的。更深层次的学习应该是对学习方法的学习，而不仅仅是知识。

其次是做作业。做作业是用来检验知识掌握情况的，是考试的每日化。要把做作业要当成考试，学会限时。对于发现的问题，要对症下药，在课本上找到知识点，再次理解。一定要明确做作业的目的，不要为了完成老师的任务而去做。我很同意某些老师的理念：作业不需要多，只要达到目的就行，有时繁重的作业会打击学生的积极性。如果你有自己的课下安排，就要跟老师沟通，老师同意的情况下，再去实施。

然后是考试。每一次考试都是一次磨炼，它会让你发现知识的不足，教会你很多的应试技巧，也会给你心态上的锻炼，使你渐渐学会以一种平和的心态来对待考试。当然，做到这一点是需要时间的。考前该怎么做我不想多说，考后怎么做我觉得很重要。人都是在一次一次的反思中成长的。对于某次考试情况，你要全面分析，包括考前的心态、考前的准备、知识掌握情况、考中的答题情况、考试科目间隙的心态变化，等等。尽量地详细，尽量把每个细节都想到，这样你就可以把每个细节努力做到最好。解决问题有足够的时间，重要的就是发现问题。

接下来谈谈各科的具体学习。首先是语文。语文是文科，需要大量的阅读和背诵。字词、成语、古诗词，这些都是必不可少的，只要下功夫，我相信每个人都会掌握得挺好的。课下多阅读，不仅能提高理解能力，还会提高写作能力。我建议每天阅读三四篇美文，然后积累美句或美段；同时，一周至少写一篇作文，然后交给老师评判。学习语文就是一个积累的过程，积累多了，成绩自然就上去了。所以，一定要坚持背诵和积累。相对于理科的学习，这个应该很无脑。一开始虽然很枯燥，但是时间一长，你就会感觉这样做很好，甚至可能会成为生活的一部分。语文贴近生活，多学习总是有很大好处的。

然后是数学。数学是一门逻辑性很强的学科，学起来可能会很枯燥。因为被把难题做出来的成就感所吸引，所以我爱上了数学。数学各种解题方法最根本的思想是相同的，要找到对应的习题来深刻理解，所以高中的数学以做题为主。学会做题就要有很好的理解能力，对于提高理解能力，我是这样做的。找到一道自己懂的地方多，不懂的地方少的题，自己尝试给自己讲，像老师那样，要特别注意前因后果，遇到卡壳的地方，仔细思考，这时就要结合前后的步骤来，一点一点地攻克。反复这样练，你就理解大部分题，也就越来越能一步到位，不至于一直找不到题目的突破点。

英语的学习，类似于语文。单词是基础，必须背。有了庞大的词汇量，理解文章就会变得容易。英语是另一个国家的语言，必定不能用本国的语言习惯来使用它，所以一定要熟知它的用语习惯，这些就表现为语法。最重要的还是阅读，大量的阅读会提高你各方面的能力。一周写两篇作文，也是很有用的。

物理，悟理。他是我们解释世界的科学依据，其中各种奇特的现象会激发我们更深层次了解它的动力。理解物理原理，要配合生活来，这样会事半功倍。同时，课本的知识是一切的根本，紧抓课本是绝对不会错的。对于物理学史，只能死记。做题时要时刻思考：出题人到底要考我哪些知识点？找到这个，题也就基本上做出来了。对于一道毫无思绪的题，你可以寻找题中的已知条件，然后列出与之相关的物理公式，仔细思考如何把这些公式联系起来，而联系起来的方法往往就是出题人的出题点。

化学与生物的学习方法基本上涵盖了上面四科的方法，它俩都是理科中偏文的学科。

以上就是我的一点感受和体会。都是自己的，可以借鉴，不值得照搬。记住，适合自己的才是最好的。